AF311211

DIALOGUES

SUR

L'AME.

PAR LES

INTERLOCUTEURS

EN CE TEMPS-LÁ.

MDCCLXXI.

TABLE

DES

DIALOGUES.

TABLE DES DIALOGUES.

DIALOGUES

DIALOGUES SUR L'AME.

DIALOGUE I.

ENTRE UN PHARISIEN ET UN SADUCÉEN.

LE PHARISIEN.

SÇAIS-TU que depuis quelques jours que nous voyageons ensemble, je n'ai pu encore bien démêler ta façon de penser? Ta conduite & tes discours sont un problême que je ne puis résoudre : je tâche en vain de te concilier avec toi-même : Tu es Juif, tu pratiques exactement la loi de Moyse ; mais il semble que ton asservissement aux préceptes de notre saint Législateur n'a pour but que d'être heureux pendant cette vie, sans t'embarrasser de ce que tu deviendras dans l'autre.

A

LE SADUCÉEN.

Tu m'as deviné; & par-là tu m'évites la peine de t'expliquer mes sentimens.

LE PHARISIEN.

Si tu penses de la sorte, tu n'es pas Disciple de Moyse.

LE SADUCÉEN.

Si tu penses autrement que moi, tu n'es pas hérétique, tu n'en es pas moins mon frere; mais tu n'es pas instruit de la loi que Dieu a dictée pour nous. Ce premier Etre infini seroit tombé en contradiction avec lui-même, s'il nous eût enseigné qu'une substance spirituelle, qui ne peut être qu'une portion de lui-même, nous anime; parce qu'il cesseroit d'être infini, s'il étoit divisible. Lis le Pentateuque, tu n'y trouveras pas le mot *Ame*, au sens où tu l'entens. Lorsque Moyse l'employe, c'est pour exprimer le sang dont la circulation fait notre vie; il ne faut que lire les termes qui précedent ou suivent celui-ci, pour s'en convaincre.

LE PHARISIEN.

Tu es Saducéen, je m'en apperçois; mais sçais-tu qu'il est dangereux de suivre aveuglément les sentimens d'une Secte particuliere, sur-tout lorsqu'il y va de l'éternité ?

LE SADUCÉEN.

JE suis de ton avis. C'est pourquoi je rejette l'opinion des Pharisiens sur la nature de l'ame. C'est une nouveauté qui datte de notre captivité en Perse. Obligés de servir des maîtres qui croyoient l'ame immortelle, les moins instruits d'entre nous adopterent leurs maximes. Nos chefs qui s'apperçurent de l'utilité de ce dogme pour contenir un peuple remuant, feignirent d'en reconnoître la vérité. Il n'est pas difficile de s'imaginer que le plus grand nombre embrassa avidement cette chimere ; mais pour nous, nous crûmes devoir rester attachés au tronc, & mépriser toutes les traditions, toutes les allégories qu'on imagina pour étayer le nouveau systême. Vous croyez que Dieu a parlé à Moyse ; nous le croyons aussi ; & cette persuasion nous fonde à croire que tout périt à notre mort. Si Dieu avoit voulu que nous crussions une vie à venir, il nous l'auroit révélée d'une maniere claire ; & pour en avoir la connoissance, nous n'aurions pas eû besoin des leçons des Babiloniens. Si quelque danger suît la nouveauté des fentimens, c'eſt vous qui devez craindre, & non pas nous. Notre opinion ſur l'ame a été celle d'Adam & de ſes deſcendans juſqu'à Moyſe. Si ce Légiſlateur qui ſans doute s'étoit bien informé des traditions anciennes, avoit erré ſur ce point, Dieu n'auroit pas manqué de le redreſſer; l'immortalité de l'ame eût été conſignée dans la Loi des Tables; mais loin de là, Moyſe abhorre la Religion des Egyptiens qui comporte ce dogme. De ſorte qu'en ſuppoſant même que Moyſe n'a ſuivi que ſes propres lumieres en nous donnant des loix, il n'eſt pas à préſumer que ce grand politique eût négligé ce dogme ſi propre à captiver l'eſprit, s'il l'eût crû tant ſoit peu ſondé. Pendant notre ſéjour en Egypte, le commun du peuple avoit perdu entiérement la connoiſſance de ſes conſtitutions primitives; Moyſe étoit donc le maître d'introduire quels dogmes il lui plaiſoit. Il a exclu de ſa légiſlation celui de l'immortalité de l'ame, parce qu'il n'en a trouvé nuls veſtiges dans notre antiquité, & qu'il a craint que l'admiſſion de cette hypothèſe injurieuſe à l'Etre ſuprême, n'attirât ſur nous ſon indigna-

tion. Peut-être aussi ce sage Institu-
teur, qui connoissoit si parfaitement les
hommes, s'est-il apperçu que le fruit
ordinaire des opinions métaphysiques é-
toit de porter les hommes au mal. En
effet, nous ne voyons que trop souvent
ceux qui sont imbus d'idées abstraites,
négliger la pratique des vertus sociales,
pour se livrer sans réserve à la défense
de leurs sophismes.

Le Pharisien.

Si l'opinion des Saducéens étoit fondée, il s'ensuivroit que Moyse seroit un
fourbe, un Tyran, qui ne nous a asservis à la pratique gênante d'une multitude de loix, que pour nous retenir sous
le joug accablant de sa domination.

Le Saducéen.

Tu te trompes. C'est de l'opinion
des Pharisiens, au contraire, qu'on peut
tirer cette conséquence ; mais il faudroit
qu'auparavant on prouvât que votre sentiment a été celui de Moyse. Alors on
pourroit dire ; Moyse a connu le dogme de l'immortalité de l'ame, & n'en a
point parlé. Tout homme qui sçait une
utile vérité & la recele, est un fourbe.
S'il a connu l'immortalité de l'ame, ç'a

été pour raison qu'il n'en a point parlé; mais toutes les raisons cessent quand il s'agit du salut éternel. D'où l'on pourroit conclure que la crainte seule que la révélation de ce dogme n'altérât l'entiere obéissance qu'il exigeoit des Hébreux, le porta à n'en point parler. Cette opinion qui détruit la divinité de nos loix, ne s'accorde point non plus à l'idée que nous avons du Légiflateur. Moyse avoit pour but de faire de nous un peuple conquérant, & le dogme en question, loin de barrer ses desseins, y auroit servi, puisqu'il est très-propre à faire soutenir constamment les plus durs revers. Moyse n'a point établi le dogme de l'immortalité de l'ame, parce que Dieu ne le lui a point révélé; ou, si l'on veut, parce que n'en ayant point trouvé de vestiges chez nos Peres, il l'a cru une innovation, sinon dangereuse, du moins inutile.

Quant à la multitude de cérémonies légales dont tu sembles te plaindre, il faut distinguer entre celles que Moyse a instituées, & celles qui ont été ajoûtées à son code. Parmi ces dernieres il en est quelques-unes que la sagesse a dictées dans certaines circonstances où s'est trouvée notre nation; & comme elles peuvent contribuer à ſon bonheur, on peut, & on doit même s'y ſoumettre. Tout le reſte eſt l'ouvrage de la fourbe & de l'intérêt de nos Prêtres & de nos chefs civils ; & comme le plus grand nombre les a adoptées, la prudence exige qu'on s'y conforme à l'extérieur mais ſans l'acquieſcement de l'eſprit, & ſans que le bonheur temporel en ſoit altéré.

Il n'en eſt pas de même des loix originales contenues dans le Pentateuque de Moyſe. Toutes ſont utiles, ou l'ont été, & le ſeul reſpect dû à un Légiſlateur dont toutes les vues ſe tournoient au bonheur général de la nation, ne permet pas qu'on en viole un *iota*. Vous ne ſentez pas aujourd'hui toute la néceſſité de certaines loix relatives au climat, parce que vous en avez changé. Retournez en Judée, placez-vous dans le déſert, & vous les trouverez indiſpenſables. Nos Peres en ſortant d'Egypte ont murmuré contre Moyſe : l'inutilité apparente de quelques cérémonies a pu les y porter. Ils ont pu ne pas concevoir que la pratique des ablutions, indifférente à des hommes vivans à l'air, ſous des tentes, dans de vaſtes camps, deviendroit eſſentielle à ces mêmes hommes réunis en société dans des villes étroites, dans des maisons peu aërées. Lis bien Moyse, mon ami, & tu verras qu'il fut au m ins un grand homme, s'il ne fut point un homme inspiré d'en-haut ; & qu'il n'a rien fait d'inutile. Avec autant d'esprit qu'il en avoit, je crois que s'il a été méchant, c'est qu'il a été forcé de l'être.

Le Pharisien.

Il me semble que bornant le bonheur ou le malheur à cette seule vie, il ne devoit pas punir si sévérement les transgresseurs de sa loi.

Le Saducéen.

C'est précisément parce que Moyse étoit persuadé qu'il n'y avoit rien au delà de la vie présente, qu'il punissoit rigoureusement ceux qui attentoient à son bonheur. C'eût été agir inconséquemment que de punir des coupables de mort, puisqu'en leur ôtant la vie, on les privoit du repentir, & du temps nécessaire à réparer leurs torts. Toutes les nations qui ont adopté l'immortalité de l'ame, donnent dans cette inconséquence ; mais les supplices n'ont plus rien d'absurde dans l'opinion opposée.

C'eſt retrancher quelques jours, peut-
être péu heureux, à quelques particuliers, pour aſſurer la félicité générale.

LE PHARISIEN.

Il réſulte toujours de votre ſentiment
que la pratique ou la violation des loix
ſont deux choſes très-indifférentes, &
qui n'influent tout au plus que ſur la
courte durée de cette vie.

LE SADUCÉEN.

Deux objets d'où dépend le bonheur
ou le malheur de notre vie, ne ſont
point dans la claſſe des choſes indifférentes. Ils pourroient y être placés dans
l'hypothèſe d'une vie à venir parce
que cent ans n'ont rien de comparable
à une éternité. Dès qu'on eſt aſſuré
qu'un culte répugne à la Divinité, qu'elle manifeſte ſa haine pour lui, qu'elle
en punit les ſectateurs par des coups
partis immédiatement de ſa main, le témoin de ces prodiges doit tout riſquer,
plutôt que de déplaire à ſon créateur.
C'eſt dans ce cas ſeulement, qu'il vaudroit mieux ſacrifier le foible bonheur
du reſte d'une courte vie, que d'embraſſer des maximes démontrées haïes
de Dieu. Mais pour faire ſon propre

malheur, il faut un ordre exprès d'en-
haut. Ainsi je n'irai pas contre ce que
me dicte le bon sens & la raison, &
sans une révélation particuliere & mar-
quée, abandonner une opinion qui depuis tant de siècles a fait le bonheur de
mes Peres & le mien. Je trouve dans
les loix de Moyse, prises à la lettre,
de quoi me satisfaire; il ne m'a point
dit qu'elles fussent susceptibles d'interprétation; je rejetterai donc toutes celles qu'on en fera.

N'AS-TU jamais remarqué en lisant
notre histoire, de quelle agréable paix
nous avons joüi tant que nos institutions
primitives ont été en vigueur? Le mélange des opinions étrangeres avec les
notres, est ce qui nous a perdus sans
ressource. Nous n'avons presque jamais
été sans ennemis, je l'avoue; mais quel
est le peuple naissant qui n'en a point?
La puissance où nous atteignions ne pouvoit manquer de nous en susciter; mais
l'observation stricte de nos loix sur la
propreté, sur la propagation, sur les
mœurs, réparoit amplement nos pertes.
Ces assemblées solemnelles de toute la
nation à certains Sabbaths de l'année,
avoient quelque chose de gênant pour

les particuliers ; mais elles entretenoient la ferveur en remettant fous les yeux les augustes fymboles de la Religion : elles obvioient à un éloignement trop confidérable des Sujets de l'Etat ; enfin elles nourissoient l'amitié entre les divers particuliers de ce grand corps, obligés de fe réunir en un même lieu.

Dans ces temps heureux nous ignorions l'immortalité de l'ame ; nous ne travaillions qu'à notre bonheur temporel, & nous réussissions. Dès que l'application s'est partagée, notre bonheur a diminué. Plusieurs peuples qui ne nous aimoient pas, admettoient l'immortalité de l'ame ; & nous ne dûmes pas trouver des défenseurs bien ardens dans ceux de notre nation qui étoient imbus de ce dogme. On nous trouva divisés d'opinions ; c'est comme fi nous euffions été divisés d'intérêts : nous fumes vaincus ; & cela est dans l'ordre.

LE PHARISIEN.

Quoique nous penfaffions d'une maniere oppofée aux Saducéens, nous nous fommes fans ceffe facrifiés au fervice de la nation en général. Avec quelle ardeur n'avons-nous pas pourfuivi ceux qui ont tenté d'en troubler le repos ? Qui a arrêté les progrès du Messie des Chrétiens, si ce n'est nous ?

Le Saducéen.

Mais, dis-moi un peu, comment justifieras-tu la conduite de ta secte en cette rencontre ? Vous admettez l'immortalité de l'ame, Moyse n'en a point parlé ; mais vous prétendez qu'il l'a implicitement exprimée ; vous convenez donc d'un sens allégorique. Mais qui vous l'a révélé, ce sens allégorique ? Des hommes. Or, d'où sçavez-vous que Jésus n'a point aussi bien rencontré en allégorisant certains passages, qu'ont fait vos Docteurs ? Si Moyse vous a parlé par figures, comme il s'est écoulé un laps de temps considérable entre l'instant où ce Législateur a écrit, & celui où l'on a eu l'intelligence d'une de ces figures, qui vous garantit qu'au temps de Jésus il n'en restoit pas encore un grand nombre à expliquer, & dont il vous auroit donné la solution, si vous lui en aviez laissé le temps ? Dès qu'on convient qu'une Loi est allégorique, on ouvre la porte à tous les allégoriseurs. D'ailleurs quelle idée donniez-vous de votre Législateur, de votre Dieu, à vos ennemis ? La même précisément que vous aviez des leurs. Mais de tout temps les sectaires ont méconnu leurs inconséquences. Jésus prêche l'immortalité de l'ame, vous soutenez que ce dogme vous est révélé ; & vous condamnez Jésus à mort. Il étoit cependant d'accord avec vous sur ce dogme capital. Vous m'alléguerez qu'il violoit vos loix à certains égards : j'en conviens. Mais ceux qui les premiers vous ont enseigné le dogme de la résurrection, de l'immortalité de l'ame, n'ont-ils point violé ces mêmes loix ? ne leur ont-ils point donné d'entorse ? L'espoir de Jésus étoit fondé sur votre peu d'attachement aux loix primitives. De ce que vous en aviez déjà abdiqué plusieurs, il conclut assez sensément que vous pourriez renoncer au reste. Vous avez dû remarquer qu'il ne s'est jamais attaqué à nous ; vous aviez en vous-même le germe de sa religion ; aussi est-ce parmi vous qu'il s'est fait des sectateurs. Dans cette circonstance, vous avez formé deux sectes qui d'accord sur le principal s'égorgeoient follement sur des accessoires. Les Romains ont saisi l'instant & ont écrasé tous les partis. Il falloit suivre notre méthode, questionner le prétendu Meſſie, & s'aſſurer par l'ineptie de ſes réponſes qu'il n'étoit point Dieu, puis lui tourner le dos. Mais d'un homme de rien, vous avez ſçu faire un homme de conſéquence ; vous l'avez perſécuté : le peuple qui à cette époque ne jouiſſoit pas de beaucoup d'aiſance, n'a pas manqué de s'attacher à un prédicateur qui annonçoit une nouvelle vie, d'autant plus heureuſe que celle-ci ſeroit traverſée. Il ne prouvoit pas ce qu'il avançoit ; mais vous avez toujours été les mêmes, & dès qu'on a échauffé votre imagination, vous n'avez pas beſoin de preuves.

Le Pharisien.

Mais vous-mêmes en avez-vous de votre opinion, qu'il n'eſt rien à eſpérer au delà de cette vie ?

Le Saducéen.

Une opinion qui a ſa ſource à l'origine du monde, & qu'on croit tenir de Dieu-même, n'a pas beſoin d'être prouvée. C'eſt à ceux qui tentent de la ſubvertir qu'il faut demander des preuves. Si Moyſe eût parlé de l'immortalité de l'ame, & que nons la nias-

fions, ce feroit à nous à donner des
motifs. Nous avons pour garans de
notre fentiment celui de nos Peres,
dont plufieurs ont eu l'honneur de conférer avec Dieu-même; celui de Moyfe qui, de votre aveu, étoit fon ami,
avec qui il s'entretenoit familiérement,
& qu'il a choifi pour nous donner des
loix; & enfin l'autorité divine. Dieu
eft immuable; & qu'elle apparence
qu'après avoir fauvé nos Peres, depuis
Adam jufqu'à notre tranfmigration en
Babylone, fans que leur foi fût foumi-
fe à l'hypothèfe de l'immortalité de
l'ame, il ait dans la fuite fait, de la
croyance de ce dogme, une des conditions de notre falut? Il eft plus abfurde encore de fuppofer que Dieu ait
changé la nature du falut qu'il nous a
promis, & qui confiftoit en profpérité
temporelle. Si votre opinion relativement à ces deux objets, étoit vraie, il
ne feroit pas impoffible que la Religion
Chrétienne le fût auffi. Un Etre, &
fur-tout un Etre tout-puiffant, qui a
fubverti une fois fes promeffes, peut
les fubvertir toutes les fois qu'il le
trouve à propos, ou que fon inconftance le lui fuggere.

Il me femble qu'il n'y a point de

raisonnement contre ces preuves, & que tout ce qu'on dit pour les affoiblir, n'eſt qu'un tiſſu de ſuppoſitions, dont je ſens la fauſſeté, ſans cependant pouvoir la démontrer.

F I N du premier Dialogue.

Nos deux Juifs n'étoient point aſſez inſtruits pour pouſſer plus loin la diſpute. Ce n'eſt pas que le Phariſien ſe rendît, ni qu'il fût homme à reculer. C'étoit de ces gens qui retranchés dans un préjugé, réſiſtent à la démonſtration même. Le Saducéen s'en apperçut ; c'eſt pourquoi il lui propoſa d'attendre qu'ils fuſſent arrivée dans quelque Capitale où il y eût des hommes de diverſes croyances, afin d'avoir des juges qui prononçaſſent ſans partialité ſur le point conteſté entre eux. Ce Saducéen avoit vû le monde, & étoit aſſez inſtruit pour un enfant de Moyſe ; il ſçavoit en ſubſtance les preuves de la matérialité de l'ame & les argumens négatifs de ſon immortalité, tirés ſoit de l'expérience journaliere, ſoit de la connoiſſance acquiſe de l'homme, & n'ignoroit pas que des conſéquences très-juſtes, tirées des axiomes infaillibles d'une métaphyſique raiſonnée, combattoient

toient puissamment l'opinion de son ami; mais il étoit hors d'état de faire usage de ces choses. Le soin d'un commerce florissant, & qui faisoit son bonheur, & celui de sa famille, ne lui avoit pas permis de sacrifier son temps à des spéculations oiseuses qui pour l'ordinaire ne font que nous égarer dans l'avenir, sans nous éclairer sur le présent. D'ailleurs il n'aimoit point à disputer, surtout avec des gens d'une opinion différente de la sienne, parce-qu'il ne vouloit ni être mortifié, ni mortifier personne. Les gens imbus de quelques-uns de ces systêmes que l'imagination a produits, aiment beaucoup à ergoter. La croyance qu'ils donnent à une opinion les flate autant que s'ils l'avoient inventée. Notre Pharisien étoit de ce nombre, & son ame spirituelle maudissoit tout bas celle du Saducéen qui gardoit le silence. C'est dommage, disoit la premiere, que l'ame de ce Saducéen qui est ma sœur, ne se connoisse point elle-même, & qu'elle ignore sa nature & les suites de son ignorance: elle sera damnée. Il est fâcheux, disoit l'autre, que mon frere le Pharisien se soit chauffé la tête d'une opinion qui peut altérer son bon-

B

heur, & lui rendre affreux le paſſage
de la vie à la mort. Sa fortune paroît
être au deſſous du médiocre: il faut le
rétablir; & ſi on peut l'engager enſuite à veiller aſſidûment à ſes affaires,
peut-être que l'application aux choſes
de ce monde, lui fera perdre de vue
celle de l'autre. Car enfin, ajoutoit le
Saducéen, les fantômes de notre imagination tiennent toujours de la poſition où nous nous trouvons actuellement.

APRÈS avoir marché pendant pluſieurs jours, nos voyageurs arrivèrent
en Italie. Le Phariſien demanda ſi
dans ce pays on croyoit l'ame immortelle? On lui répondit qu'oui. Oh
bien, dit-il à ſon compagnon, vous ne
me refuſerez pas d'aſſiſter à quelques
conférences, qu'on ne manque pas de
faire ici ſur cette importante matiere.
Un Moine qui ſe trouva là par hazard,
aſſura qu'on n'agitoit point cette queſtion en Italie; que l'on n'y diſputoit
que ſur la valeur réelle des Indulgen-
ces, ſur l'Immaculée Conception, ſur
les mérites infinis du Roſaire, & ſur
l'étendue des droits du Pape quant au
temporel. Au reſte, ajouta le Religieux, il n'y a que des fous qui puiſ-

fent nier l'immortalité de l'ame : c'eſt
un dogme prouvé par le Pentateuque........ Alte-là, dit le Saducéen,
tu mens. A l'inſtant il tire de ſa po-
che un Pentateuque en langue hébraï-
que, de la plus haute antiquité ; je te
défie, dit-il au Moine, de trouver le
mot *Ame* dans tout ce livre, ſi ce n'eſt
en ce ſens, que c'eſt ce qui fait la vie
des animaux. Le Docteur Italien ne
ſçavoit point l'hébreu ; mais il aſſura à
notre Saducéen qu'un Prêtre Chrétien
nommé S. Jérôme avoit traduit le Pentateuque, quoiqu'il ignorât la langue
des Juifs, & que le mot *Ame* ſe trouvoit en pluſieurs endroits de ſa tra-
duction. Le Phariſien triomphoit ; je
crois, dit-il en montrant ſon compa-
triote, que cet homme-ci nieroit que
Moyſe nous a permis d'épouſer trois
femmes, & d'avoir autant de concubines que nous pouvons en nourrir. Il
n'y a pas longtemps qu'il vouloit me
prouver que nous avions mal fait de faire
pendre un ſcélérat nommé Jéſus qui ſe
donnoit pour le fils de Dieu.... quelle horreur, dit le Prêtre en l'inter-
-rompant ! Jéſus un ſcélérat ! Dans peu
tu ſeras brûlé, ſcélérat toi-même,

Qu'on aille chercher la Sainte-Hermendad.

Un voyageur charitable avertit nos deux Juifs. On ne dispute point ici, leur dit-il, sans un visa du St. Office, & quoiqu'il me semble que l'un de vous tient pour l'immortalité de l'ame, & l'autre pour l'opinion contraire, un même bucher seroit votre sépulture. Un pareil sort m'étoit réservé, si je n'eusse pas fui, parce que j'ai soutenu que le Pape n'est point infaillible quant aux descriptions géographiques.

Le Pharisien & le Saducéen remercierent celui qui venoit de les instruire & prirent le chemin de France. On leur avoit dit que depuis un demi-siècle on y pensoit assez librement; qu'on n'y brûloit ni ceux qui admettoient, ni ceux qui nioient l'immortalité de l'ame, pas même ceux qui avoient pendu Jésus, pourvû qu'ils ne s'applaudissent point de cette action.

Dès que nos Hébreux furent en France, le Pharisien s'informa s'il n'y avoit point quelqu'un qui soutînt le dogme de l'immortalité de l'ame & qui en disputât. Précisément, lui dit-on, Monsieur notre Curé qui est

Docteur, (car c'étoit dans une ville)
prêche demain sur cette article ; trouvez-vous au sermon ; & vous aurez lieu
d'être content. J'ai gagné, dit le
Pharisien à son ami ; tu seras convain-
cu, j'en suis ravi. J'attends la démonstration, répondit le Saducéen. Ils se
rendirent le lendemain à l'Eglise, où
le Docteur débita un sermon bien di-
visé, dans lequel, entre autres choses,
on remarqua ce bel épisode Il s'agis-
soit de la résurrection du Christ, & il
avoit pris pour son texte : *il est ressuscité*. Après avoir prouvé sa thèse par
le témoignage des femmes, & surtout
par celui de Magdelaine qui avoit vu
Jésus déguisé en garçon-jardinier, il
s'écria : preuve bien convaincante, mes
freres, de la résurrection de nos corps !
Jésus est ressuscité : donc nous ressusci-
terons. Mais qui nous animera de nouveau ? Sera-ce une nouvelle substance ?
Non : nos ames immortelles quitteront
leur demeure au jour du jugement,
pour venir encore une fois nous ani-
mer, & ce pour l'éternité. Si je ne
parlois pas à des Chrétiens, mes chers
Auditeurs, je vous expliquerois ce que
c'est que cette ame immortelle ; mais

nul de vous n'eſt en douce ſur ſon eſſence, ſur ſes propriétés, ſur ſon origine & ſur ſa fin. Son eſſence eſt ſpirituelle, donc elle eſt immortelle. Ses
propriétés ſont la penſée, le ſouvenir,
le jugement : or nous penſons, nous
nous ſouvenons, nous jugeons : donc
une ame ſpirituelle & immortelle eſt en
nous, nous anime. Quant à ſon origine, on convient que c'eſt Dieu qui eſt
l'auteur de tout ; donc c'eſt Dieu qui
crée les ames. La difficulté eſt de
ſçavoir ſi toutes les ames poſſibles ont
été créées à la fois, ou ſi Dieu crée une
ame à meſure qu'il ſe forme de nouveaux Individus ; la moitié des Saints
Peres tient pour le premier ſentiment,
l'autre moitié pour le ſecond ; mais cela importe peu. Venons à la fin pour
laquelle l'ame a été créée : Et qui peut
douter que c'eſt à ſon créateur qu'elle
doit rapporter toutes ſes actions ? C'eſt
pour remplir cet objet que notre premier Pere après ſa chute a conſacré ſes
jours à la pénitence ; que depuis lui,
tous les Patriarches, tous les Saints de
l'Ancien Teſtament juſqu'au temps de
Jéſus-Chriſt ont fait de bonnes œuvres ;
que des milliers de Chrétiens ont ſouf-

fert le martyre, que des Papes, des Docteurs, des Ecrivains Apoſtoliques ont conſumé leurs jours dans les plus pénibles travaux. Quel fait mieux prouvé que le dogme de l'immortalité de l'ame? Depuis Adam juſqu'au déluge tous les hommes l'admettent: du déluge à Moyſe la nation ſainte l'adopte: ſa vérité eſt révélée expreſſément au Légiſlateur des Juifs par Dieu même: Jéſus-Chriſt le trouve établi chez le Peuple de Dieu, & établi univerſellement, ſi l'on excepte une poignée de gens nommés Saducéens, qui le rejettoient parce qu'ils ne l'avoient point approfondi. Chez les Payens, Platon, Socrate, Cicéron, tous les hommes illuſtres, en un mot, atteſtent dans leurs écrits que les peuples de leur temps reconnoiſſoient l'ame immortelle; enfin une foule de ſaints Peres, de ſaints Papes, de ſaints Conciles, ont décidé que ce dogme étoit d'une telle certitude, qu'il étoit impoſſible d'entrer au royaume du Ciel ſans la foi explicite de ſa vérité.

Comme il ne s'agiſſoit-là d'aucun raiſonnement, mais ſeulement de preuves tirées des témoignages, le Saducéen ſe crut en état de diſputer avec le Doc-

teur.　Il l'invita à fouper; & après s'ê-
tre affuré qu'on ne brûloit plus les Saducéens en France, il entama la queftion.

DIALOGUE II.

LE SADUCÉEN ET LE DOCTEUR.

LE SADUCÉEN.

IL ME paroît, M. le Docteur, que
vous comptez beaucoup fur la foi en ce
pays, & qu'on s'y contente de fimples
allégations, fans exiger de preuves.

LE DOCTEUR.

VOUS vous trompez, Mr., nos fermons
ne font autre chofe qu'une ou plufieurs
propofitions, avec les preuves qui en
démontrent la vérité.　Mais nous ne
nous attachons à bien établir que le principal objet; laiffant à part les acceffoi-
res, qui tôt ou tard fe prouvent,
quand ils deviennent le fujet principal
d'une Prédication.　D'ailleurs il eft des
dogmes, des myfteres, des faits même,

qui font univerfellement reconnus, &
qu'il feroit puéril de chercher à établir;
tels font la mort, la réfurrection de Jéfus-Chrift, l'incarnation du Verbe, l'immortalité de l'ame &c.

Le Saducéen.

C'est juftement fur ce dogme que je
veux vous entretenir ; & pour la fatisfaction de mon ami que voilà je ferai
charmé que vous puiffiez prouver votre
hypothèfe ; car il eft Pharifien, & comme vous, il admet l'immortalité de l'a-
me. Quant à moi, je fuis Saducéen,
& le refpect que j'ai pour Dieu & pour
Moyfe m'oblige à rejetter ce dogme.

Le Docteur.

Si vous ne croyez pas l'ame immortelle, c'eft que vous n'avez pas l'intelligence des Ecritures.

Le Saducéen.

Toute la difpute pourroit fe réduire
à la preuve de votre propofition. Je
n'entends pas les Ecritures ; entendez-
vous l'hébreu ?

Le Docteur.

Non.

B 5

Le Saducéen.

Je l'entends, moi. Je pourrois donc vous dire avec plus de raison, que par conséquent vous n'entendez pas les E-critures. Mais allons au fait. Vous avez avancé tantôt que depuis Adam jufqu'au déluge tous les hommes ont cru l'ame immortelle : nous n'avons fur ce fait aucun témoignage que celui de Moyfe; or Moyfe n'en dit pas un mot. Ce n'eft même qu'au temps d'Enos, petit-fils d'Adam par Seth, que felon lui les hommes commencerent à in-voquer l'Eternel. Or fuppoferez-vous la connoiffance de l'immortalité de l'a-me antérieure à celle du Créateur ? Je ne le crois pas; car s'il étoit des idées innées, celle de Dieu feroit la premiere de toutes.

Après le déluge Noé offre un facri-fice à Dieu, & lui demande la profpé-rité, mais non le falut de fon ame. De-puis lui jufqu'à Moyfe, tous les holo-cauftes ont pour objet le bonheur tem-porel de celui qui les offre; les béné-dictions que les Patriarches reçoivent de Dieu, & qu'ils conferent enfuite à leurs enfans, confiftent toutes en rofées pour engraiffer les terres, & en la fécondité

de leur lit nuptial & de leurs troupeaux.
Dieu-même agit conformément à cette
opinion dans toute la durée de cette
époque ; c'est par des peines temporel-
les & actuelles qu'il punit ceux qu'il
réprouve ; nous en avons des exemples
dans les Villes de Sodôme & de Gom-
morrhe, dans Esaü &c.

Si Noë avoit eû quelques notions
du dogme de l'ame immortelle, son
premier soin eût été de les transmettre
à sa postérité. Abraham, Isaac, Ja-
cob, ces SS. Patriarches qui conserve-
rent précieusement le sacré dépôt de
l'ancienne Religion, ne l'auroient pas
ignoré. Si par impossible, un dogme
de cette importance fût tombé dans
l'oubli, les Anges qui s'entretinrent si
longtemps avec Abraham, n'auroient
pas manqué de lui en rappeller le sou-
venir.

LE DOCTEUR.

COMMENT présumer que tant de
soins, que Dieu prenoit pour ses Saints
de l'Ancien Testament, se bornassent à
la vie présente?

LE SADUCÉEN.

DE ce qu'on ne comprend pas une

chofe, il n'en faut pas fuppofer une autre. Mais il eft fi vrai que le bonheur ou le malheur des Juifs n'excédoit point la vie préfente, que nous voyons dans l'Ecriture tous les follicitudes de l'Eternel fe borner à cet objet; tous fes miracles y tendent. Dieu n'ignoroit pas que Lot feroit inceftueux; mais Lot par fa conduite précédente avoit mérité de longues années; Dieu préfere de lui fauver les jours aux dépens d'un crime. Dans votre opinion, il valoit mieux que Lot périt dans les flammes avec fon innocence, que de furvivre à l'embrafement de Sodôme pour tomber dans un incefte monftrueux, dont il ne paroît pas qu'il ait fait pénitence.

La femme de ce même Lot défobéit à l'ordre fuprême; elle eft punie, Dieu la prive de la vie; mais comment accorderez-vous fon changement en une ftatue de fel, avec votre dogme de la réfurrection? Mais franchiffons ces intervalles fur lefquels Moyfe a lui-même paffé très-légérement, & venons au temps plus connu de ce faint Légiflateur. Vous convenez que ce qu'il a écrit lui a été dicté par l'Efprit Saint, par l'Efprit de Dieu, ou par Dieu lui-même. Je laiſſe à part ces loix nombreuſes qui peuvent n'avoir rapport qu'aux ſeuls Juifs, pour ne m'arrêter qu'au Décalogue, dont les préceptes ſont communs à tous les hommes. *Honore ton Pere & ta Mere*, y eſt-il dit, *afin que tu vives longuement ſur la terre.* Y a-t-il là le moindre veſtige d'une autre vie?

Si quelqu'un, dit ailleurs Moyſe, *tue ſon frere, lui ôte ſon ame, il payera de la ſienne, & rendra ame pour ame, c'eſt-à-dire, ſang pour ſang.*

IL eſt dit de tous les Patriarches qui meurent, *qu'ils ſont réunis à leurs Peres.* Tous leurs ancêtres n'avoient point été des juſtes; mais on ne diſtingue point de ſituation après la mort.

Nous voyons dans le Pentateuque un Lévite abandonner une de ſes femmes pour être proſtituée, & cela dans la vue de ſauver ſes propres jours: cette action eut une approbation générale, quoique la femme mourût ſous les efforts brutaux de ſes raviſſeurs; elle eût été blâmée dans l'opinion que cette femme avoit une ame à ſauver, & que ſon maître l'expoſoit pour éviter la mort.

TOUTES les preuves de l'immortalité

de l'ame, tirées de nos Ecritures, se réduisent à un passage des Machabées. Il y est dit que prier pour les morts est une action approuvée de Dieu. Mais 1°. la révélation de ce livre n'est point avérée. 2°. Son Auteur est inconnu, & il ne se donne point pour un Ecrivain inspiré. 3°. Ce livre est postérieur à la captivité de Babylone, & se ressent des préjugés que notre nation acquit dans le séjour qu'elle y fit.

L'AUTORITÉ du livre des Machabées, au reste, ne sçauroit tenir contre celle de Moyse, contre celle de Salomon, ce Roi dont avec raison vous vantez tant la sagesse. Vous n'ignorez pas que ce Prince avoit pour principe que tout notre bonheur consistoit dans la satisfaction de nos besoins naturels; qu'il falloit faire tout ce qui est permis pour se la procurer; qu'il étoit d'autant plus essentiel d'observer des loix, qui seules peuvent rendre heureux sur la terre, qu'après la mort il n'est plus rien à espérer; qu'enfin un homme mort ne vaut pas un chien en vie.

LES preuves tirées des anciens Philosophes payens sont d'une autre nature. On trouve dans leurs écrits quelques expressions qui semblent favoriser votre opinion, j'en conviens. Mais d'abord je crois qu'on pourroit dire d'eux, qu'ayant foutenu la pluralité des Dieux, l'éternité de la matiere, le retour des ames en de nouveaux corps, & mille autres opinions auffi chimériques, c'eft avec auffi peu de fondement qu'ils ont crû l'ame immortelle. Des Auteurs qui prouvent également la divinité de Jupiter & l'immortalité de l'ame, ne prouvent rien.

D'un autre côté il ne fuffit pas de prendre un mot à la volée dans un Ecrivain, pour en conclure en faveur d'une telle opinion. Platon, que vous me citez, par exemple, n'avoit point du tout de l'ame immortelle les notions que vous avez. Par le mot *Ame* il entendoit une fubftance matérielle répandue dans l'univers, où elle anime tous les individus. Cette fubftance, felon lui, animoit indiftinctement tous les Etres, de quelque genre & efpece qu'ils fuffent. Pour donner la vie, elle ne quittoit point la maffe générale de fa totalité, ne fe modifioit point ; dans tous les points de la matiere univerfelle, dont elle faifoit partie, elle y animoit toutes les portions qui font fufceptibles de l'être. Puifque l'ame univerfelle de **Pla**ton faifoit partie de la matiere univerfelle, elle n'en étoit point diftinguée, finon par des dégrés de fubtilité, de pureté, comme on diftingue le vin de fa lie. Ce Philofophe ayant admis l'éternité de la matiere, fe feroit contredit en faifant l'ame mortelle ou périffable ; puifque cette ame elle-même étoit une portion de la matiere, éternelle felon lui.

Si c'eft en ce fens que les fubftances ne périffent point, que vous fuppofez l'ame immortelle, nous fommes d'accord. Mais prétendre que là, où les portions de matiere fubtile, diaphane, aërienne, ou pénétrante, qui ont donné & entretenu la vie de mon corps pendant quelques années, fe réuniront pour former une fubftance diftincte de la fubftance générale, & qu'en cet état elles formeront une efpece d'Etre fpirituel capable de connoiffance, & fufceptible de peine & de plaifir pendant l'éternité ; c'eft une hypothèfe que je ne puis concevoir. Songez-vous, M. le Docteur, que pour former vos individus fpirituels, vous altérez la circulation des Etres, & que dans quelque régne que vous les pla-

ciez,

ciez, vous laiſſez du vuide, ou vous aug-
mentez la plénitude : & que ce procédé
eſt contraire aux loix immuables de la
Divinité ?

QUANT au ſentiment de vos SS. Papes & de vos SS. Peres, de vos SS.
Docteurs & de vos SS. Conciles, il
n'eſt d'aucun poids. Votre Légiſlateur
étoit Phariſien, & croyoit l'ame immortelle ; ſes Diſciples tirés de cette
ſecte ou Payens l'admettoient telle, ſous
des acceptions différentes ; enſorte que
dans la ſuite on a ſuppoſé ce dogme,
ſans le démontrer ; ç'a été une affaire
d'autorité. Un tel, a-t-on dit, a cru
l'ame immortelle : donc elle l'eſt : &
dorénavant pour être S. Pape, S.
Docteur &c., il a fallu recevoir cette
opinion devenue vulgaire, comme une
démonſtration. Au ſurplus, Mr., je
ne vous demande qu'un ſeul témoin de
l'ame immortelle. Citez - moi uniquement un Auteur qui ait mis en avant
cette opinion, & qui l'ait démontrée
comme on démontre une propoſition
arithmétique ; & je me rends.

FIN du deuxieme Dialogue.

LE Docteur ayant rêvé quelque temps,
ſe ſouvint que dans les divers traités de

C

l'ame qu'il poſſédoit, il n'y en avoit pas un ſeul qui ne fût appuyé ſur des témoignages ; & que ſi quelques-uns contenoient des eſpeces de démonſtrations, c'étoient des ouvrages où la majeure partie des argumens concluoient pour la négative. Il ſe douta que le Saducéen pourroit bien avoir aſſez de bon ſens pour diſtinguer dans ces livres, compoſés par des Philoſophes, ce qui étoit dit par reſpect pour les préjugés, d'avec les endroits où l'on parloit à la raiſon. Il préféra donc de ſe taire ſur cet objet, & après avoir remercié ſes hôtes, il ſe leva en diſant que l'immortalité de l'ame étant un dogme généralement reçu, il falloit de néceſſité l'adopter. Sur ce principe, lui répondit le Saducéen, il faut reconnoître l'Idole *Fo* ou *Foë* pour un Dieu, parce que depuis environ mille ans que les Bonzes l'ont apportée du Japon à la Chine, elle y eſt adorée ſur ce pied d'un peuple infiniment nombreux. C'eſt, reprit le Docteur, donner dans une erreur populaire ; quand je dis qu'il faut acquieſcer au ſentiment général, j'entends celui des gens diſtingués dans une religion par leurs vertus & leur ſçavoir. En ce cas, j'embraſſerai le ſentiment des Lettrés Chinois, de Confucius, de Zoroaftre, dit le Saducéen ; ils fuppofent le monde éternel, & Dieu un Etre matériel ; mais ce font des gens diftingués par leurs vertus & leur fçavoir.

Le Docteur fortit en affurant le Saducéen qu'il feroit mémoire de lui au facrifice de la meffe, afin que le Pere des miféricordes daignât l'éclairer, & lui appliquer quelque particule des mérites de fon cher fils. Vous avez bien de la bonté, dit le Saducéen ; je vous en remercie, mais vous m'obligeriez davantage en me prêtant pour quelques heures un autel où je puffe brûler quelques livres de parfums fous le nez de l'Eternel, & lui faire un facrifice d'expiation pour me purifier de la foüillure que j'ai contractée en foupant avec vous. Je ne doute pas que le facrifice d'une partie des aromates précieux que j'apporte de l'Orient, ne me fît faire un gain confidérable fur ma pacotille. Je ne puis vous accorder ce que vous me demandez, dit le Curé. Je me fuis néanmoins apperçu, reprit l'Hébreu, que vous brûliez tantôt de mauvais encens. Cela eft vrai ; repartit le Curé, mais nous en mettons peu à la fois dans un petit vafe fufpendu par des chaînes ; au lieu que vous le brûlez en tas sur l'autel. Et cette différence, dit le Saducéen, n'empêchera pas que vous n'en acceptiez quelques livres de ma main; il est excellent. Le Curé ne refusa point le présent & ils se quiterent.

Nos deux Juifs partirent le lendemain pour Paris. Le Pharisien, quoique battu dans la personne du Curé, ne sentoit point diminuer en lui l'amour de la dispute. Dès qu'ils furent placés dans une même chaise, il entama la conversation.

DIALOGUE III.

LE PHARISIEN ET LE SADUCÉEN.

LE PHARISIEN.

IL faut avouer que les Prêtres Chrétiens font bien peu instruits & sur nos Ecritures & sur nos Traditions.

LE SADUCÉEN.

NE voyez-vous pas que c'est uniquement pour ne pas démentir leur Législateur, qu'ils conservent en apparence

quelque refpect pour le notre. L'efpoir
de réunir la Religion de Moyfe à celle
de Jéfus, a porté les Inftituteurs de celle-ci à ne pas fronder ouvertement nos
ufages dans les premiers fiècles. Cette
maxime des anciens Peres de leur Eglife a fait une planche. La preuve de
mon opinion, c'eft qu'ils n'ont gardé
de nos loix que quelques points minu-
tieux, ou que certains ufages qu'ils ne
pouvoient remplacer que par de femblables; & qu'ils en ont fubverti l'effentiel. La loi de Moyfe abrogée & fans
vigueur, n'a plus valu la peine qu'on
s'en inftruife; ce que les Chrétiens en
ont réfervé s'eft trouvé incorporé à la
leur; enforte qu'en apprenant leur propre Religion, ils apprennent tout ce
qu'ils doivent fçavoir de la notre.

Le Pharisien.

Eh mais! devroient-ils ignorer nos
Traditions fur le dogme de l'immortalité de l'ame? Si le Docteur avec qui
nous avons foupé les avoit fçues, certainement vous n'en auriez pas triomphé.

Le Saducéen.

Je vous l'ai déjà dit, vos Traditions
ne prouvent rien. 1°. Elles font l'ou-

vrage des hommes, & leurs Auteurs, de votre aveu, n'ont été que des gens intelligens, & non des personnes inspirées.

2°. ENTRE vous, vous n'êtes point d'accord sur l'authenticité de ces Traditions ; elles sont en partie rejettées ou admises par certains Pharisiens. Jésus & Paul son Disciple les rejettoient absolument, & lorsqu'ils les ont méprisées en public, je ne vois point qu'aucun Zélateur se soit mis en devoir de leur en prouver la vérité. Depuis plusieurs siècles, de fameux Rabbins qui avoient embrassé leur défense, ont été contraints par la critique de les abandonner, pour se retrancher sur la lettre du texte.

3⁶. EN admettant des traditions qui ne sont pas des conséquences nécessaires du texte, vous énervez la loi originale ; vous atténuez le respect dû au Législateur ; vous le représentez comme un homme qui n'a ni sçû, ni dit tout ce qu'il étoit essentiel de sçavoir & de dire. Par ce procédé vous mettez tout autre que moi en droit de conclure, ou que vous tirez de vraies conséquences d'un texte débile, ou, au moins, que d'un texte authentique vous tirez d'incertaines conséquences.

Tout ce qui æst tradition , continua le Saducéen, tout ce qui eſt allégorie, interprétation, ne peut rien prouver. On peut tout au plus de l'ancienneté d'une tradition, conclure que l'erreur qu'elle tranſmet eſt très-ancienne. C'a été une tradition conſtamment reçue en Egypte juſqu'à l'extinction du Paganiſme , que pluſieurs milliers d'années avant l'Ere de notre Création, le Dieu Oſiris avoit gouverné les Egyptiens ſous la figure d'un homme, & que depuis ce temps il n'avoit que rarement ceſſé d'y reparoître ſous différentes formes , dont les Prêtres ſeuls connoiſſoient les caracteres. Que penſez-vous de la vérité de cette tradition ?

LE PHARISIEN.

Elle diffère des notres ; la révélation a fait diſparoître les illuſions du Paganiſme. Nous ſçavons que tout ce qui en dépendoit étoit faux. D'ailleurs une preuve de la divinité de notre croyance, c'eſt ſa perpétuité , malgré les efforts qu'on a faits pour l'éteindre.

LE SADUCÉEN.

Si tout étoit illuſoire & faux dans le Paganiſme, comment les ſuppôts du

C 4

dogme de l'immortalité de l'ame ofent-
ils fe fervir de l'opinion des Payens pour
prouver cette thèfe ? Quelle idée me
donnez-vous de Dieu qui mêle fa divine
révélation aux illufions diaboliques de
Sathan ? Ne penfe pas d'ailleurs, mon
ami, que la perpétuité de ta croyance
& de tes opinions, foit une preuve de
fa véracité : ce n'en eft peut-être qu'u-
ne de ton entêtement. Plus d'une nation abhorre cette croyance ; & crois-
moi, fi on ne nous eût pas difperfés, fi
nous ne l'euffions pas été déjà lors de la
ruine de notre pays, & que nous euffions
été vaincus en corps de nation, on ne
retrouveroit plus parmi nous le moindré
veflige de la loi de Moyfe. Il nous auroit fallu fuivre la Religion du vain-
queur. D'ailleurs les Romains qui nous
ont fubjugué étoient fort tolérans. On
a vû dans les pays qu'ils ont conquis,
fubfifter pendant des fiècles entiers le
fyftême Religieux local, avec les dogmes du Capitole. Par-tout où les Chrétiens & les Mahométans font les maîtres, ils plantent leur Religion & em-
ployent la violence pour lui procurer de
l'accroiffement : foumis par des Payens
tolérans nous avons confervé notre loi ;
les Payens vaincus par les Chrétiens ont

embraffé la leur. Tout dépend, comme tu peux le remarquer, des circonstances où fe trouve une nation. Aujourd'hui fi nous nous réuniffions en corps, & que nous formaffions un peuple, il nous faudroit adopter la Religion dominante dans la partie de notre établiffement, à moins que nous ne fuffions affez forts pour contraindre nos voifins à recevoir la notre. Ainfi le dogme de l'ame immortelle peut, comme toute autre opinion, dépendre du fuccès des armes. C'eft dans la captivité de Babylone qu'une partie de notre nation en a été imbue.

Le Pharisien.

Mais te flattes-tu de penfer plus jufte, & de mieux entendre la loi de Moyfe, que n'ont fait nos célèbres Interprêtes, que l'Auteur de la Mifnie?

Le Saducéen.

Non; mais je penfe avoir plus de refpect pour Moyfe, qu'ils n'en ont. Interpréter un texte, c'eft fuppofer l'incapacité dans fon Auteur. Or, cette fuppofition une fois admife, il feroit affez indifférent que Moyfe eût ou non parlé de l'immortalité de l'ame.

C 5

· On tombe dans un plus grand inconvénient encore, en donnant un sens allégorique à certains paſſages. Cette liberté que vous prenez à l'égard de votre propre loi, autoriſe d'autres perſonnes ; & ſi vous prétendez d'un tel paſſage conclure que l'ame eſt immortelle, je conclurrai d'un autre que Dieu eſt un Etre corporel ; & peut-être ſans donner l'entorſe au paſſage, du moins en apparence.

D'APRÈS certains textes vous avez conclu que Jéſus n'étoit point le Meſſie promis ; quelques expreſſions ont donné lieu aux Chrétiens de penſer que les Juifs étoient réprouvés, & qu'ils nous étoient ſubſtitués. Cette interprétation a couté la vie à des milliers de Juifs que les Chrétiens ont égorgés ſans remords.

MAIS, mon ami, ni toi, ni moi n'avons aſſez de lumieres pour pouſſer plus loin cette controverſe. Tu n'as que des autorités & tes propres ſentimens à m'alléguer ; je ne puis employer que ce que je ſens & l'opinion de mes ancêtres pour te répondre : il eſt cependant des preuves ; aucune vérité n'en doit manquer. Le parti le plus ſage eſt d'attendre que quelqu'un ait la charité de nous inſtruire. Peut-être combattons-nous pour la chimere; j'entrevois, mais de bien loin, la vérité; & je t'avouerai confidemment, qu'à la réserve de mon sentiment sur la nature de l'ame, je soupçonne que nous sommes tous deux dans l'erreur.

FIN du troisieme Dialogue.

La dispute fut suspendue jusqu'à **Paris**. Dès que nos voyageurs y furent arrivés, ils s'informerent exactement des lieux où l'on traitoit de l'ame immortelle. Ils alloient aux sermons comme à la Comédie; mais ils trouverent mauvais qu'on payât 24. sous une chaise, sans qu'il fût libre de dire son sentiment sur le morceau débité. Ils se choquerent encore de ce qu'on traitoit si rarement une matiere si essentielle, & de ce qu'on mettoit cette hypothèse en avant, comme supposée prouvée, sans prendre la peine d'indiquer lequel des témoins cités en avoit donné la démonstration.

Las de ne rencontrer que des preuves d'autorité, nos Juifs se disposoient à retourner chez eux. Leurs pacotilles étoient vendues; l'instinct du Saducéen lui avoit fait quadrupler ses fonds; mais l'intelligence spirituelle de son camarade l'avoit laissé donner dans un échange où il perdoit moitié. Dieu punira mon fripon dans l'autre monde, difoit celui-ci, & me vengera de lui. Tu feras donc éternellement heureux, reprit le riche Saducéen; car je t'aime. Tiens, prens de l'or, fais de nouvelles emplettes pour le Levant où nous allons, & confulte - moi. C'eft toute la reconnoiffance que j'exige de toi. Le Pharifien accepta l'offre, & fit cette réflexion; cet homme n'efpere rien dans l'autre monde, je ne puis augmenter fa félicité dans celui-ci; cependant il m'oblige. On peut donc être vertueux, fans efpérer de récompenfe, ni craindre de châtimens.

Lorsque tout étoit préparé pour leur départ, on vint les avertir qu'il y alloit avoir une conférence célèbre entre un Moine Francifcain, Théologien, Métaphyficien, Logicien, Phyficien, Dialecticien, ancien Lecteur de fon Ordre, Penfionnaire du Pape, des Prélats, des Princes & de tous les Libraires de France, &c. &c. & un Philofophe *tout court*. Nos Juifs apprirent en même temps que ce Moine étoit auteur de plus de cinquante volumes, dont plufieurs traitoient de l'ame, & que s'ils étoient curieux de ces fortes d'ouvrages, ils pourroient fe procurer les Editions en-

tieres de quelques-uns. S'il ne s'a-
gissoit que de ma propre instruction,
dit le Saducéen, j'aurois volontiers recours à quelques livres ; mais par rapport à mon ami, il faut entendre les
deux parties disputer. Je crains toujours qu'on n'affoiblisse les objections,
en imprimant. Rendons-nous donc à
cette conférence, ajouta-t-il parlant au
Pharisien.

Ce fut le Moine qui commença à
parler. Après avoir prouvé sa thèse par
une foule d'argumens Théologiques,
c'est-à-dire, qui ne sont bons que de
Théologien à Théologien, parce qu'on
n'y admet que des principes convenus ;
il essaya de la prouver encore par les
régles de la Logique & de la Métaphysi-
que. Dans les mains d'un habile artiste
tous les instrumens sont bons ; notre
Moine vit l'immortalité & la spiritualité de l'ame clairement prouvée par les
rêves, par l'intelligence qui régne dans
une armée qui se remue à la volonté
d'un seul homme ; par la faculté que
nous avons de penser, & de réfléchir
sur nos pensées ; de produire des actes,
de juger ; de connoître des sujets qui
n'ont point d'existence individuelle. Il
prétendit même que l'opinion de l'ame

immortelle étoit innée en nous. Pour prouver ce genre d'idées, il apporta l'exemple d'un enfant qui crie en venant au monde avant que d'avoir fait aucune expérience. Le témoignage de tous les Philosophes, même celui. de plusieurs Athées, tels que Pythagore & Empédocle, fut invoqué par le Révérend Pere ; & il termina son discours par prouver que selon l'opinion scholastique, Bayle, Leibnitz, Newton, Locke, tous les Encyclopédistes étoient des impies qui n'avoient pas le sens commun.

Le Pharisien étoit ravi d'aise. Attendez, lui dit son Collégue ; toutes ces preuves, excepté celles tirées du raisonnement, ne servent à rien. Il faudroit prouver que ceux qu'on cite ont prouvé ; & c'est ce que l'on n'a pas fait.

Le calme étant revenu dans l'assemblée, parlant sans véhémence le Philosophe dit :

Je souhaite, mon Pere, que tout ce qu'il y a ici de Théologiens soient contens de vos preuves préliminaires, pour moi qui ne suis point convenu antérieurement des principes d'où elles découlent, elles ne m'effleurent seulement pas.

Le sentiment des Anciens & des Modernes n'eft non plus d'aucun poids, parce qu'ils ont fuppofé & non démontré. C'eft de cette démonftration feulement qu'il s'agit aujourd'hui. Vous prétendez la donner en difant : la matiere ne penfe point ; or je penfe ; donc je ne fuis point matiere. Votre argument revient à celui-ci : le marbre ne penfe pas ; moi je penfe : donc je ne fuis pas marbre.

Sans doute la matiere confidérée abstractivement & fans certaines modifications, ne penfe pas. Du moins je ne préfume pas qu'un grain de fable, qu'une poignée de terre foit douée de la faculté de penfer. Mais cette même matiere confidérée revêtue de certaines formes, acquiert de nouvelles facultés. Elle fe meut dans les végétaux & les minéraux ; l'accroiffement des plantes & des pierres en forme la preuve. Voilà donc la matiere capable de mouvement.

La queftion eft de fçavoir fi cette faculté de fe mouvoir eft inhérente à la matiere, ou fi elle lui vient d'une force étrangere. L'expérience nous apprend que la feule mixtion de certains agens excite le mouvement dans leurs parties, & que l'eau ou le lait éprouve une grande commotion ; si on l'approche trop près du feu. Ceci combat pour l'inhérence du mouvement à la matiere combinée avec elle-même, ou à ses parties détachées, mais aidées par le véhicule du feu.

UNE autre expérience nous enseigne que pour mettre un corps en mouvement, il faut que la puissance qui le frappe soit de même nature quant à la substance. De même que le vice ou la vertu, qui ne font point des Etres corporels, ne sçauroient remuer une pierre ; la volonté qui est une opération de l'esprit, & qui n'a rien de matériel, ne sçauroit mettre la matiere en mouvement hors de celui qui veut. D'où il faut conclure nécessairement que si un agent étranger à la matiere, la remue, il faut que cet agent soit de même nature qu'elle quant à la substance. Je vous laisse à choisir entre ces deux opinions.

LA matiere douée de mouvement se combine d'une maniere qui nous est inconnue, mais suivant des loix invariables en conséquence desquelles la rencontre de certaines analogies produit des germes marqués, qui ne sont autres que la réunion d'une infinité de petites parties séminales qui n'ont point la vie,

mais

mais qui font fufceptibles de l'acquérir.

Du nombre de ces germes formés, un grand nombre, de différent genre, périt, c'eſt-à-dire, ne produit pas. Mais ceux qui font pouſſés par le mouvement général ou particulier, dans les matrices qui leur font propres, font à l'égard des parties de matiere qu'ils y trouvent la même opération que leurs principes primitifs ont faite fur les portions de matiere dont ils faifoient précédemment partie. Ils deviennent le levain des humeurs qu'ils trouvent dans leur matrice, excitent en elles la commotion; & par leur chaleur & leur humidité les mettent dans une fermentation qui eſt telle, qu'après une grande diſſolution les parties homogenes s'uniſſent, & les hétérogenes s'en féparent. Tant que le germe trouve des analogies dans ſa matrice il y demeure. Dès qu'il ceſſe d'y en trouver il arrive de deux chofes l'une; ou il en fort pour vivre ailleurs, s'il en a la force; ou il meurt dans le lieu même où il a pris la vie.

La vie ſe fait, elle devient fenſible, lorſque certaines dofes de différentes humeurs ſe trouvant enveloppées dans des membranes qu'elles ne peuvent percer, font obligées d'y circuler fuivant les loix

D

de leur péfanteur. Si elles s'y trouvoient feules, c'eft-à-dire, fi elles étoient uniquement aqueufes, elles refteroient dans l'inaction; mais le feu qui s'y eft gliffé avec elles, les met en commotion. Ce combat dure autant que la vie de l'Etre en qui il fe paffe. Si le feu manque, ou s'il a dévoré tout l'humide, l'Etre finit.

Ce fentiment appuyé fur l'expérience, ne peut être combattu que par de vaines fuppofitions, & qu'en niant des propriétés que l'on reconnoît à chaque inftant dans la nature.

Dans le nombre des Etres que la matiere produit par cette voye, il en eft quelques-uns, comme les minéraux & les végétaux, qui n'ont point de fentiment; encore dans ce dernier régne, faut-il excepter cette plante qui fe retire dès qu'on la veut toucher, & qui, pour cette propriété, eft nommée Senfitive; d'autres qui en ont peu, comme l'huître, la torpille; & d'autres enfin qui en ont beaucoup, comme l'homme, le cheval, le chien &c.

Le fentiment fe fait dans tous les Etres par la même voye, c'eft-à-dire, par le choc des corps ou des rayons qui partent de ces corps. Auffi n'eft-ce pas le point qui nous divise ; car si vous rapportiez la faculté de sentir à un agent spirituel, comme elle est dans les brutes & dans quelques végétaux zoophytes, il en faudroit conclure qu'une substance spirituelle anime indistinctement tous les Etres ; mais alors les conséquences que vous tirez de cette hypothèse seroient absurdes.

Reste à sçavoir si la matiere douée de la faculté de se mouvoir, de se modifier, & de donner à quelques-unes de ses modifications la vie & le sentiment, peut à force de combinaisons devenir pensante. C'est à quoi se réduit toute la difficulté ; car au fond, il est assez indifférent de sçavoir si c'est, ou non, le même agent qui forme, meut, & donne le sentiment aux divers Etres des trois régnes. Le sort des végétaux, des minéraux & des brutes, après leur mort, ne forme point une question, & il importe peu de connoître la nature de la substance qui les anime, puisqu'elle périt avec eux.

Mais, mon Pere, n'est-ce point faute de nous entendre, que nous disputons? La forme de votre argument me le persuade. La matiere ne pense point (dites-vous); or je pense : donc je ne

suis point matiere. Par la même régle
je pourrois dire : la matiere, abstraction
faite de certaines modifications, n'est
pas rouge ; or le vin est rouge : donc
le vin n'est pas matiere. Certainement chaque particule materiélle considérée séparément, ne se meut point,
n'a point de vie, ni, par une conséquence naturelle, de sentiment. Ces
propriétés dépendent des analogies qu'elle rencontrera ou par lesquelles elle sera rencontrée, & avec qui elle s'unira ;
mais chaque particule est habile & a
toute l'aptitude convenable pour avoir
un jour ces propriétés & peut-être bien
d'autres, sans qu'il soit besoin qu'aucun
agent étranger les lui procure.

Le mouvement ou la vie, le sentiment, sont deux accidens résultans du
choc des corps. La même action imprimée sur un chien, ou sur un arbre,
forme deux changemens ou sensations
différentes. Le même agent cependant
anime ces deux Etres. Mais la différence qui régne entre les tissures de leurs
corps, la délicatesse des membranes qui
couvrent les nerfs du chien, rendent
celui-ci sensible à un choc qui n'émeut
point l'autre. C'est donc du dégré de
flexibilité, de dureté ou de mollesse dans

les organes des Etres, que dépend &
que réfulte même le fentiment.

La penfée eft, comme le fentiment,
un réfultat de l'organifation. Elle n'eft
point un Etre matériel, non plus que
le mouvement & le fentiment ; mais un
accident de fujets matériels. Ainfi la
couleur, la rondeur d'un corps, ne
font point des Etres, mais des accidens
de corps colorés, ronds &c.

De là, nous voyons que les divers
Etres ont plus ou moins de fentiment,
de penfées par conféquent, à raifon de
léur figure, de leur contexture, & de
la délicateffe des membranes qui enve-
loppent leurs organes. Un coup de
fouet fur le fabot d'un cheval ne lui
caufe pas la moindre fenfation ; appli-
qué au deffus il lui caufe une fenfation
douloureufe ; il remue à l'inftant fa tête ; preuve bien claire de la communi-
cation des fenfations, de quelques parties du corps où elles fe reçoivent, au
cerveau.

C'est par ce même moyen de l'impreffion reçue que nous formons nos
idées. Nul homme n'a d'idées originales ; elles font toutes des copies de ce
qu'il a vû, oüi, touché, goûté, ou
flairé. Un cheval n'a pas l'idée de

D 3

Dieu, parce qu'on ne lui en a jamais parlé dans une langue qu'il entende; nous-mêmes n'en ſçavons que ce qu'on nous en a dit. Si nous ajoutons aux notions que nous avons reçues de cet E-tre, des notions plus ſublimes encore, il nous ſuffit de réfléchir pour ſentir que ces notions ajoutées ſont des ampliations d'idées antérieurement reçues à l'oc-caſion d'impreſſions ou de ſenſations ex-citées en nous par des ſujets matériels.

Les idées reçues de feu, de gêne, join-tes à celles de caverne ſombre, de foſſe profonde, d'odeur infecte, d'abſence, de privation, des quelles on exclut l'i-dée de mort & de décompoſition; ces idées, dis-je, qui ont toutes leur ſujet dans la nature, ont formé par leur réu-nion celle d'enfer, de dam, de peines éternelles &c.

J'imprime mon cachet ſur la cire; le cachet eſt l'agent; la cire, le pa-tient; la figure imprimée, l'accident. L'idée de cet accident n'a rien de ma-tériel. Cependant on ſent que pour recevoir l'impreſſion du cachet, agent matériel, il a fallu une table matérielle & qui eût même des dégrés convenables de dureté & de molleſſe, de flexibilité & d'adhérence. D'où il ſuit que recevant toutes nos fenfations à l'occafion d'agens matériels, il faut néceffairement que la table qui reçoit en nous les impreffions, foit auffi matérielle. Appliquez un cachet fur l'air : il n'en refle aucun veftige : il faut donc un dégré de confiftance de plus dans la fubftance qui reçoit en nous les impreffions & qui en conferve les idées. Néanmoins l'air èft matériel, il a de la confiftance ; mais quel nom donner à une fubftance qui en a davantage ?

Les idées du vice & de la vertu qui font, je ne dis pas fpirituelles, mais immatérielles, entant qu'on les fépare des fujets vicieux ou vertueux qui font matériels, ne font point des idées fimples, mais compofées. Les enfans ne les ont pas, par cette raifon qu'il faut connoître les divers fujets matériels qui, par des impreffions quelconques, les produifent en nous. L'idée particuliere d'un affaffinat excite en moi l'idée générique du mal : elle rappelle le fouvenir du plaifir, qui eft un bien, dans la tête d'un Antropophage.

Si l'on agiffoit de bonne foi, il fuffiroit pour terminer la difpute, d'avoir prouvé que le fentiment fe fait d'une maniere uniforme dans tous les animaux.

D 4

Or on ne le peut nier, à moins qu'on ne veuille fuppofer avec Defcartes que les Brutes font de purs automates, femblables aux machines de Vaucanfon : mais pour fentir le ridicule de cette hypothèfe il fuffit de piquer en même temps & dans les mêmes parties, un homme & un chien, avec un dégré de force proportionné à la dureté ou la molleffe des membranes qui les couvrent ; la fenfation fera la même, c'eft-à-dire, une fenfation de douleur, plus ou moins forte à raifon de la contexture de l'individu piqué.

C'est le fouvenir de l'impreffion que laiffe en nous le fentiment reçu à l'occafion de l'action agréable, défagréable, ou indifférente, que certains corps font fur nous, que nous appellons idées ; cette impreffion eft plus ou moins forte, à raifon de la violence du choc de l'agent, & de la réfiftance ou de la foibleffe du patient ; par conféquent elle laiffe des traces plus ou moins profondes de fon action dans celui qui la reçoit, proportionnellement aux dégrés de dureté ou de molleffe, de confiftance ou de fluidité des parties deftinées à en conferver le fouvenir. Un enfant, un jeune chat jouent avec les verges qui fervent à les châtier ordinairement, lorfqu'avant de s'en fervir de nouveau, on les leur préfente. Cela peut venir de deux caufes. 1°. La fenfation qu'excitent les coups de verges peut être trop forte, & exciter une commotion trop violente dans ces deux animaux délicats; enforte que tout ou une partie de leurs nerfs fe trouvant irrités à la fois, occafionnent un mouvement tumultueux dans les vaiffeaux capillaires de leur cerveau, qui loin de laiffer aucune trace, renverferoit plutôt celles qui s'y feroient précédemment gravées.

2°. Trop peu de confiftance, trop de fluidité dans les parties deftinées à recevoir les impreffions fupprime tout fouvenir. Un cachet n'imprime point fur une pâte trop liquide, du moins fon impreffion ne s'y conferve point. Je penfe que ce défaut de confiftance dans les parties intérieures de la tête des jeunes animaux, eft ce qui fait qu'ils jouent volontiers avec les inftrumens qui fervent à les châtier.

Cependant la premiere caufe de leur inconféquence peut fe prouver par l'expérience de quelques hommes formés qui ont perdu tout fouvenir par une commotion trop violente excitée en eux. Une grande peur, un coup violent, une douleur très-aigue, a effacé dans beaucoup d'hommes toutes les impreſſions reçues pendant cinquante ans ; ou renverſant l'ordre qui étoit entre elles, ne leur en a laiſſé qu'un ſouvenir confus qu'ils expriment par des paroles ſans ſuite & qui n'ont aucun ſens.

Le cerveau de ce même chat & de ce même enfant ayant acquis plus de conſiſtance, ou leurs organes plus de robuſticité, l'impreſſion cauſée par le choc des verges leur eſt moins univerſellement douloureuſe, cauſe une commotion moins générale dans leur cerveau & s'y place avec plus d'ordre ; ou bien y trouvant plus de conſiſtance dans les parties deſtinées à la recevoir, s'y fixe, & y demeure juſqu'à ce que de nouvelles impreſſions l'en enlevent, ce qui dans quelques individus n'arrive jamais.

Tant que l'impreſſion de la ſenſation reçue à l'occaſion du choc des verges ſubſiſtera, ces animaux n'en auront point la perception, ſans une crainte fondée ſur le ſouvenir du mal qu'elles leur ont fait.

C'est ce ſouvenir, ſuite de l'expérience, qui forme ce que nous appellons idées, penfées; action par laquelle je me repréfente que j'ai éprouvé du plaifir ou de la douleur à l'occafion de certaines impreffions excitées en moi par certains objets. Enfuite de cette action repréfentative , vient celle par laquelle je juge fur ces repréfentations que je dois les exclure ou les admettre.

CETTE opération, commune à l'homme & aux brutes, n'eft pas toujours fure. Les animaux en général décident fouvent bon ce qui eft mauvais, & mauvais ce qui eft bon. Cela vient de la foibleffe des perceptions reçues, ou de l'ignorance de la qualité des chofes dont on juge; enforte que nous ne jugerions jamais mal des objets , fi avant que de prononcer , nous nous inftruifions parfaitement de leur nature & de leur qualité.

LES facultés de fentir, de penfer, de juger, font plus univerfelles dans l'homme que dans certains animaux que nous connoiffons; mais on n'en fçauroit conclure que ce foit à l'union d'une fubftance diftinguée de la matiere qu'il foit redevable de ce furplus de facultés. Car alors il faudroit conclure auffi qu'un finge, un caftor &c. font animés par une substance différente dé celle qui anime une huître, une marmote, un ver de terre &c.

La variété & la délicatesse des organes, leur nombre, la quantité de matiere molle & propre à recevoir les impressions, qui réside dans leur tête, sont les causes & les conditions du plus ou moins de facultés dont ils sont doués. L'homme a la tête trois fois plus petite que celle d'un bœuf ; mais la cervelle d'un bœuf pese trois fois moins que celle d'un homme. Cette différence fait qu'un homme bien conformé a plus d'idées que le bœuf le plus accompli.

La progression de nos idées, de nos pensées, est une nouvelle preuve de la matérialité du sujet qui les retient, & qui les ayant reçues simples, les combine pour les reproduire composées. Dans les individus justement proportionnés, on les voit se multiplier à mesure qu'ils croissent ; à un certain âge on acquiert & l'on perd peu d'idées principales : enfin sur le déclin de nos jours nos pensées s'affoiblissent, nos idées diminuent. Les plus simples, celles dont l'usage ne demande aucune combinaison, restent souvent jusqu'à la mort. Le Maréchal de Noailles se faisoit habiller tous les jours de Conseil, dans le dessein d'y aller. Il avoit conservé l'idée simple d'aller au Conseil: Mais si on l'y eût admis, il n'auroit pu juger, parce que le jugement exige des combinaisons d'idées dont il n'étoit plus capable. Son cerveau ne conservoit plus aucune impression. Une heure ou deux après l'avoir habillé, on lui persuadoit aisément qu'il avoit été au Conseil, parce qu'il ne pouvoit se rappeller qu'il n'étoit pas sorti de sa chambre.

Si l'ame de ce Maréchal avoit été une substance spirituelle, elle ne se feroit point sentie de la caducité de son corps. Peut-être que trouvant ses organes endurcis, ses fibres racornies, elle ne pouvoit plus leur donner le mouvement nécessaire pour réaliser par des actes extérieurs les projets dont elle lui offroit les images intellectuellement ; mais par la même voye qu'elle excitoit en lui le desir d'aller au Conseil, ne pouvoit-elle pas l'avertir qu'on lui imposoit en l'assurant qu'il avoit été au Conseil lorsqu'il n'avoit bougé de sa chambre ?

F I N du Discours du Philosophe.

Quand on fut sorti de l'assemblée,

le Saducéen dit à son ami : eh bien, crois-tu encore l'ame immortelle ? J'avoue, répondit le Pharisien, que suivant le raisonnement du Philosophe, il paroît clair que nous ne sommes que matiere, & que toutes nos opérations font des accidens résultans des combinaisons de la matiere. Mais n'as-tu pas remarqué, comme moi, que cet homme n'a point entrepris de démontrer la fausseté de nos Traditions fur cet objet. Vos Traditions, repartit le Saducéen, font à l'égard de ce dogme, ce que les Métamorphofes d'Ovide font à l'égard de Jupiter. On démontre que ce Roi de Crete n'eft pas un Dieu ; c'eft prouver que la Théologie Payenne n'eft qu'une fable.

Le Saducéen n'étoit point de ces gens qui fouffrent volontiers qu'on altere leur opinion, pourvû qu'on détruife celle de leur adverfaire. Les propofitions qu'il venoit d'entendre, en combattant puiffamment pour la matérialité de l'ame fembloient combattre, finon l'exiftence d'une premiere caufe, du moins fa néceffité ; puifque les différentes facultés de la matiere étant le réfultat des diverfes combinaifons des diverfes particules matérielles, & ces

combinaisons une suite de son mouvement, il s'ensuivoit que ce mouvement étant inhérent à la matiere, elle
n'avoit eu besoin d'aucune force étrangere, ni existante hors d'elle-même,
pour produire toutes les formes qu'elle comporte. Notre Juif sentit bien
encore que le Philosophe n'avoit pas
tout dit, & quoiqu'il sçût bien qu'on
ne brûloit plus en France pour des
vétilles, il crut qu'il étoit des biensé-
ances à observer, qui empêchoient de
s'expliquer en public d'une maniere
trop libre, & capable d'altérer le repos des particuliers, & par conséquent
celui des Etats. Il s'imagina, & il
n'avoit pas tort, que s'il pouvoit join-
dre ce Philosophe, il en tireroit de
nouvelles lumieres. Le Saducéen ne
travailloit que pour lui, & sa démar-
che lui parut innocente. Le mal qui
pourroit résulter, dit-il en lui-même,
des conversations de ce Sage avec moi,
ne me passera jamais ; car je n'ai
point envie de faire de Prosélytes.
Mais je voudrois m'éclaircir. Peut-être
je sers mal Dieu ; peut-être aussi les
sacrifices que je lui voue sont autant
de vols que je fais à ma famille, &

peut-être enfin je ne fais que retrancher de mon bonheur sans ajouter au
sien.

POUR un Juif c'étoit raisonner assez
juste. Dès que l'éxistence d'un Souverain Etre est démontrée, il faut y
soumettre sa croyance; &, motifs de
peines & de récompense à part, lui
rendre le culte qui est prouvé lui être
le plus agréable. Mais dans le cas
contraire, agir contre sa propre conviction, est au dessous de l'homme. Reste à examiner quel parti prendre, en
supposant le défaut de preuves de part
& d'autre. Le plus sage est, ce semble, de rester dans l'inaction, jusqu'à
ce que la vérité se montre d'une maniere claire & précise; & il n'est pas
possible de douter qu'une premiere cause, que le culte des hommes
intéresseroit, ne leur en révélât direc-
tement, actuellement & sans interruption la forme, s'ils ne le lui dé-
nioient que par une ignorance invinci-
ble. S'il étoit un Dieu & un Dieu
qui s'intéressât au bonheur des humains,
s'écrioit Toland, sans doute il prendroit pitié de l'état de doute & d'ignorance où je suis.

LA

LA façon de penfer du Saducéen étoit très-pure. Il ne fouhaitoit d'être inftruit, que pour mieux remplir fes devoirs. Peu d'hommes ont un but auffi fage. Dans cette vue, il s'informa en diligence de la demeure du Philofophe. C'étoit un myftere; perfonne n'en fçavoit rien de pofitif. Cela paroiffoit étonnant à l'Hébreu. Il ne pouvoit comprendre comment celui qui avoit paru fi fçavant, qui avoit montré tant d'efprit en public, étoit ignoré. C'eft qu'il ignoroit lui-même, le bon Ifraëlite, qu'il n'eft qu'une claffe d'hommes en état de connoître & de protéger les Sciences & les Sçavans; mais que cette claffe eft conftituée de maniere que ceux qui la compofent, femblables en cela au Dieu qu'ils fuppofent, croyent que tout fe doit rapporter à eux, fans jamais être redevables de rien, & que d'ailleurs ils font fi perfuadés de leur dignité, qu'il confiderent leur fimple reconnoiffance comme un bienfait, au delà duquel il n'y a plus rien à prétendre.

LE Saducéen tomba dans une furprife plus grande encore lorfqu'il apprit que la diftinction qu'on met entre un Sçavant & un Manœuvre, n'eft

E

qu'une diftinction métaphyfique & de pur cérémonial; qu'elle ne regarde que la perfonne, & non les ouvrages, qui fortis de la main de l'un ou de l'autre, ont la toife pour mefure.

CEPENDANT notre Juif ne trouvoit point l'homme qu'il cherchoit. A la Chine on l'eût connu. Ce n'eft pas qu'à la Chine les villes ne foient auffi grandes, & le Peuple auffi nombreux qu'ailleurs; c'eft que le mérite éleve aux premieres places. Enfin après des perquifitions redoublées, la demeure du Philofophe fut découverte & le Saducéen ne tarda pas à s'y rendre. Par malheur, la place étoit prife. Un Chrétien de bonne foi, foupçonnant un peu de main d'homme dans fa religion, vouloit s'en éclaircir. Dès le matin il étoit venu trouver le Philofophe pour s'entretenir avec lui fur cet objet; & ils en étoint à un article très-intéreffant quand le Saducéen entra, & pria qu'on lui permît d'être témoin de la converfation.

DIALOGUE IV.
LE CHRÉTIEN ET LE PHILOSOPHE.

LE CHRÉTIEN.

JE conviens qu'il y a dans la Religion Chrétienne bien des points qui répugnent à la raison humaine, mais de cette répugnance même de plusieurs points d'une Religion aux sentimens naturels, ne pourroit-on pas conclure que son établissement est divin ? Car comment supposer que des hommes, libres de choisir, se soient asservis volontairement à une multitude de pratiques aussi gênantes que le sont celles que comporte le Christianisme, sans qu'il se soit mêlé rien de surnaturel dans cet asservissement ?

LE PHILOSOPHE.

CET argument de la divinité de l'établissement de la Religion Chrétienne, ne peut rien opérer en sa faveur, parce qu'il est commun, non seulement à tous les établissemens religieux, mais encore à tous les établissemens civils. Les uns & les autres n'ont acquis de consistance qu'à raison du dégré de force qu'on a employé pour les monter. Ne croyez pas que les hommes se soient soumis de propos délibéré au despotisme des Rois. Nous convenons tous, au reste, qu'il n'y a rien de surnaturel dans la formation des Monarchies & des Républiques & qu'on n'y reconnoît que des efforts humains: & quoique les établissemens religieux suivent précisément la même route dans leurs progrès, comme nous nous obstinons à leur croire un commencement divin, nous nous donnons la torture pour trouver du miraculeux dans leur accroissement : défaites - vous du préjugé de l'origine; & le reste vous paroîtra ordinaire.

Le Chrétien.

Quant à l'origine de la Religion nous sommes, à ce qu'il me paroît, un peu trop éloignés de sa source primitive pour en raisonner pertinemment ; mais comme ses plus grands ennemis, à cette époque, ne l'ont point attaquée victorieusement de ce côté-là, je ne crois pas que nous puiſſions aujourd'hui l'arguer d'humanité à ſa naiſſance. Ceux d'entre les Payens qui l'ont vu naître ſe ſont contentés de reprocher à Jéſus-Chriſt qu'il ne ſurpaſſoit pas leurs hommes divins : donc ils regardoient Jéſus comme une perſonne divine.

LE PHILOSOPHE.

J'AVOUE que le ſoin que les Chrétiens ont pris pour ſupprimer tous les ouvrages qui tendoient à prouver l'humanité de leur Religion, nous met dans une ſorte d'embarras, quand il s'agit de diſcuter ſon origine. Cependant ils n'ont pu nous tranſmettre l'hiſtoire des progrès de cette Religion, ſans nous indiquer en même temps les moyens dont on s'eſt ſervi pour lui procurer l'accroiſſement. D'ailleurs quel Livre moins récuſable de l'hiſtoire de la Religion naiſſante, que celui des Evangéliſtes, & quel nombre de preuves d'humanité ne recueilleroit-on pas de cet ouvrage, ſi cela en valoit la peine?

L'AVEU des Philoſophes payens ne combat point pour la divinité du Chriſt, parce qu'ils admettoient le merveilleux dans les actions, ſans reconnoître rien de divin dans les perſonnes. Et ſi l'on me vouloit pouffer par rapport à cet aveu, je dirois que puifqu'il milite pour la divinité de Jéfus, il doit également fervir pour prouver celle de Jupiter ou de Bacchus. Quand d'anciens Philofophes font convenus que votre Légiflateur opéroit des prodiges, c'eft qu'ils ne pouvoient les nier, attendu la parité de fes actions avec celles de leurs Dieux, & s'ils euffent nié les uns, ils auroient au moins affoibli les autres, qui avoient une même fource, & fe feroient attiré des affaires ; car dans tous les temps & dans tous les lieux, la Religion dominante a été cruelle.

CEPENDANT cet aveu des Philofophes payens n'eft pas fi univerfel que peut-être vous le croyez. La fuppreffion de leurs ouvrages eft une preuve bien convaincante qu'ils n'étoient pas favorables au Chriftianifme. Nous avons un échantillon de leur façon de penfer à cet égard dans quelques lambeaux de leurs écrits que nous ont confervés vos SS. Peres. Ces objections qu'ils nous ont tranfmifes ne font certainement pas les plus fortes : du moins je me crois en droit de le conclure de ce qu'on a fupprimé le furplus.

MAIS quand je vous accorderois que

les Philosophes payens ont cru vrais les prodiges de votre Législateur, & que forcés par la conviction divers peuples ont adopté sa doctrine, seulement par cette raison qu'ils la croyoient descendue du ciel, cela ne prouveroit encore rien. Il suffit de jetter un coup d'œil sur le tableau des erreurs qui tour à tour ont bercé les humains, pour être en droit de conclure que l'universalité & l'ancienneté d'une croyance ne fait point une preuve de la réalité de l'objet cru. Remarquez cependant qu'il s'en faut bien que les choses se soient passées de la sorte. Le Christianisme, comme toutes les sectes du monde, s'est établi par la force. Voici un écrit (*a*) que vous lirez à loisir, & qui, je pense, vous fera bien rabattre de ce merveilleux que vous supposez dans les progrès de votre Religion.

Plus vous êtes persuadé que la Religion Chrétienne est divine, & plus vous la mépriserez; car enfin il faut être conséquent, & ne pas présumer qu'une institution divine puisse jamais cesser d'être la même, à quelque éloi-

(*a*) C'étoit l'Examen des Apologistes Chrétiens par *Freret*, qui n'étoit pas encore imprimé.

E 4

gnement de sa source qu'on la veuille considérer.

(Le Chrétien accepta avec plaisir l'écrit que le Philosophe lui offroit, mais il avoit encore bien des questions à faire, & le Sage s'en appercevant le mit à son aise, en lui disant qu'il étoit prêt de le satisfaire sur tous les objets dont il auroit connoissance; car, ajouta-t-il, il ne faut parler que de ce qu'on sçait. Alors la conversation devint générale, & le Saducéen n'y fut pas tout-à-fait inutile, parce qu'il sçavoit l'hébreu, & que d'ailleurs il avoit lu.)

Le Chrétien.

Jusqu'à présent j'avois crû que ma Religion étoit d'institution divine, & quoique j'y reconnusse certains traits d'humanité, je les regardois comme des accessoires que l'ignorance ou la malice y avoient ajoutés, & qui défiguroient, mais ne corrompoient point le principal.

Le Philosophe.

Qu'appellez-vous le principal & l'accessoire dans une Religion? Le principal est, si je ne me trompe, le fait; & l'accessoire, les conséquences qu'on

en tire. Quant au fait, chez vous il
eſt incertain ou faux. Dans la claſſe
des faits incertains que comporte votre
Religion, je range l'année de la naiſſance & de la mort de Jéſus, l'époque de
ſon aſcenſion, celle de la deſcente du
S. Eſprit, la durée au juſte de ſa mis-
ſion, ſon origine du côté maternel. Sur
le fait le plus important, le ſeul même
qu'on eût à prouver, vos Evangéliſtes
ſe ſont tus. Le ſeul Saint Matthieu ſe
contente d'aſſurer que Joſeph & Marie
ne s'étoient point connus, quand elle
mit Jéſus au monde. Qui n'inférera de
ce paſſage que Marie étoit groſſe, quand
elle épouſa Joſeph? Mais c'eſt bien pis
ſi nous laiſſons là les faits incertains,
pour jetter les yeux ſur ceux qui ſont
faux.

1°. Le dénombrement de toute la
terre, ordonné par Auguſte. Jamais les
Romains n'ont été maîtres du monde entier, ils ne pouvoient donc pas ordon-
ner qu'on dénombrât les habitans de
toute la terre. Au reſte, il ne s'eſt jamais fait que deux dénombremens dans
l'Empire, & l'époque de celui dont parle S. Luc ſe fit 37. ans après la bataille
d'Actium, la 10e. & derniere année du
régne d'Archelaüs; bien différente com-

me vous voyez de la fin du régne de
d'Hérode.

2°. L'ADORATION des Mages. Un
fait est appellé faux quand deux historiens s'entredétruisent. Or, l'un de
vos Evangélistes dit que ce furent des
Mages qui vinrent de loin adorer le nou-
veau-né, & l'autre assure qu'en cette
circonstance ce furent des Bergers d'a-
lentour qui vinrent lui rendre hommage.
Il pourroit seulement arriver qu'ils eussent tous deux menti.

3°. LE massacre des Enfans ordonné
par Hérode. Tous les historiens de ce
Prince s'accordent à le représenter comme le Bourreau de ses enfans, & pas un
ne le charge du massacre en question.
Pour détruire ce fait il suffit de se rappeller qu'Hérode étoit tributaire des
Romains. Il pouvoit bien égorger ses
enfans, mais non ses sujets, qui l'é-
toient d'Auguste.

Ici le Chrétien voulut citer le témoignage de Joseph; mais le Saducéen
lui assura que dans les exemplaires anté-
rieurs au sixieme siècle, on ne trouvoit
point ce passage, qui est visiblement
ajouté au texte de l'historien. J'ai un
ancien Josephe, continua le Juif; je puis
satisfaire votre curiorité. Le Sçavant

en possédoit un aussi : on y recourut, &
le fait fut vérifié faux.

4°. LA fuite en Egypte, continua le
Philosophe, est encore de la même
main ; c'est un accessoire du massacre.
C'est dommage que tandis qu'un Evan-
géliste assure cette fuite un autre sou-
tienne que Jésus & sa famille resterent
sans discontinuer à Nazareth, d'où ils
venoient tous les ans au temple dans
le temps prescrit. Ajoutez à cela,
dit le Saducéen, que selon l'Evangé-
liste, Jésus va en Egypte pour vérifier
cette prophétie : *J'ai rappellé mon fils
de l'Egypte*. Mais ouvrez la Bible &
vous verrez que Dieu parlant aux Juifs
leur dit que leurs descendans seront
captifs en Egypte, mais qu'il les en
retirera. Voici les propres paroles :
*Israël est un enfant, je l'ai aimé & le
tirerai hors d'Egypte* (*). Il en est à-peu-
près de même, reprit le Philosophe,
de toutes les applications qu'ils ont
faites. Mais continuons notre examen.

5°. UN de vos Evangélistes assure
que Jésus guérit près de Génézareth
deux possédés : son confrere, témoin
oculaire du fait en question, soutient

(*) Osée II. 2.

qu'il n'en guérit qu'un, mais qui étoit furieux.

6°. Si l'un dit que Jésus ressuscita la fille de Jaïre, l'autre affirme qu'elle n'étoit pas morte; Et quelle entorse ce rapport donne-t-il aux prodiges? soyez-en les juges.

Le Chrétien.

Vous choisissez ceux des faits sur lesquels les Evangélistes ne sont point d'accord; mais qu'avez-vous à dire de ceux qu'ils rapportent d'une maniere si uniforme?

Le Philosophe.

Pour faire cette distinction, il faut commencer par ranger vos Evangélistes dans la classe des historiens ordinaires. Sans doute je ne révoquerai pas en doute tout ce que rapporte Tacite, parce qu'il n'est pas toujours d'accord avec Suétone. Mais pourquoi? Le voici. C'est que Tacite & Suétone sont des hommes ordinaires & dans les ouvrages desquels il n'y a rien de surnaturel. Entant qu'hommes & guidés par leur propre génie, ils ont pu errer. La thèse changeroit, si on vouloit me donner ces deux historiens pour inspi-

rés, & leurs dires pour des articles de
foi. Si vous n'euſſiez pas avancé que
vos Evangiles avoient été dictés par
la Divinité elle-même, leurs contradictions n'empêcheroient pas qu'on ne les
crût ſur les faits dans leſquels ils s'accordent; mais cette allégation une fois
faite il faut, ou que les Evangéliſtes
ſoient parfaitement d'accord entre eux,
ou abſolument faux. Je mets à part la
baſſeſſe du ſtile. C'eſt, dites-vous,
pour s'accommoder à notre foibleſſe, que
Dieu en a agi ainſi ; mais il n'avoit
donc plus d'égard à cette foibleſſe dans
les écrits de S. Paul, qui ſont d'un ſtile infiniment plus relevé que les Evangiles. Cette diverſité prouve d'une maniere bien claire que chacun écrivoit
comme il ſçavoit.

Le Chrétien.

Mais comment ces contradictions qui
vous choquent n'ont-elles point arrêté
ces excellens génies qui, dans les premiers ſiècles de la Religion, ont tout
ſacrifié pour ſa défenſe ?

Le Philosophe.

Je pourrois vous demander comment
tant de grands hommes, doués de plus

de qualités que vos Peres, ont pu fe
réfoudre à quitter la vie tranquille &
fure que leur offroit leur état naturel,
pour entrer dans des factions, dans des
confpirations dont l'iffue les a conduits
fur l'échaffaut? Les fondateurs du Chris-
tianifme ont toujours été ou des igno-
rans ou des gens intéreffés. C'a toujours été la force qui a décidé. La
preuve de ceci réfulte de la diverfité
qui fe rencontre dans les actes de différente date. Un tel parti eft le plus
foible aujourd'hui, & forcé d'accéder
au fentiment des autres; mais étant revenu en vigueur, il fait révoquer tout
ce que la contrainte l'a obligé de confentir dans un temps antérieur. Con-
frontez S. Cyrille & S. Cyprien, S.
Chryfoftôme & S. Auguftin avec S.
Thomas, vous verrez briller les preuves de leur ignorance & de leur mé-
fintelligence. Cependant ces Docteurs
triompherent tout à tour, malgré leur
oppofition dans le dogme & la morale.
Mais qui les empêchoit de s'accorder?
Etoit-ce obftination de leur part, ou
obfcurité dans le principe? Dans le premier cas, vous n'en deviez pas faire des
Saints; dans le fecond vous attaquez
Dieu même, qui s'eft mal expliqué.

Vos Saints Peres & vos Docteurs ne se sont éclairés qu'avec le temps. Lorsque les Apôtres s'assemblerent pour dresser le Symbole de leur Foi, sous la direction de l'Esprit de Dieu, ils ne purent jamais s'accorder; Et le résultat de leurs conférences, fut de rédiger une Confession de Foi qui n'a pas le sens commun. Si vous vous trouvez disposés à l'entendre, je m'en vais la discuter.

Le Chrétien.

Oh ! pour cet article je ne crois pas qu'on y puisse toucher; car en supposant que ce Symbole soit l'ouvrage des hommes, il est hors de doute qu'ils y ont mis toute la sagacité dont ils étoient capables; car c'est la pierre fondamentale du Christianisme.

Le Philosophe.

Sans doute ce Symbole est le principal ouvrage de la Religion; & c'est précisément parce qu'il est à présumer qu'on n'a rien négligé pour le rendre exact, qu'il est plus utile de l'examiner. Cet examen nous fera voir qu'elle espece d'hommes c'étoient que les fondateurs du Christianisme. Commençons.

ARTICLE I.

Je crois en Dieu le Pere tout-puissant, créateur du ciel & de la terre.

NE convenez-vous pas qu'à parler juste, il résulte de ces expressions que c'est le Pere seul qui est tout-puissant, que c'est lui qui a tout créé, que par conséquent le Fils & le Saint-Esprit lui sont inférieurs & ne sont que de pures créatures, comme les Anges, les Hommes &c.? Cette façon de parler exclusive auroit convenu à Moyse qui n'admettoit qu'une Personne en Dieu ; mais non à des Chrétiens qui en admettent trois coëternelles, puisque par-là vous insinuez que votre Jésus & le S. Esprit ne sont pas substantiellement Dieu ni Créateur. Car si, comme vous l'affirmez dans cette proposition, le Pere a tout créé, il n'est plus rien resté à faire aux deux autres Personnes. La Trinité est individuelle ; vous l'avez soutenu contre Arius ; vous l'avez condamné parce qu'il divisoit les Personnes ; encore aujourd'hui, vous convenez tous que

que les opérations *ad extra* appartiennent
en commun & par indivis aux trois Perfonnes. Mais vous ne remarquez donc
pas que tout ce qu'a fait le Concile de
Nicée, compofé de 318. Evêques, &
tout ce que vous dites actuellement de
la Trinite, eft abfolument deftructif de
votre fymbole, duquel néanmoins vous
convenez qu'on ne peut s'écarter, fans
errer dans la foi.

ARTICLE II.

Et en Jéfus - Chrift fon Fils unique notre
Seigneur.

DIRE que Jéfus-Chrift eft le Fils
unique de Dieu, c'eft faire mentir
Dieu qui dit expreffément au v. 6. au
Pfeaume 81. en parlant aux Juifs : *vous*
êtes tous les Enfans du Très-Haut. Je pré-
vois que vous m'allez objecter que ce
n'eft point dans le même fens que Jéfus & les Juifs font appellés Fils ; mais
pour lever l'équivoque il ne fuffifoit pas
d'ajouter la qualité d'unique en parlant
du Chrift, car elle ne peut qu'exclure
le nombre ; ce que le paffage cité dé-

truit. Il falloit donc dire que Jésus étoit Fils unique, naturel & consubstantiel de Dieu : & cela auroit obvié à toute dispute. En effet, vous êtes Chrétien ; & comment concilierez-vous cette épithete d'*unique* avec ce que dit Saint Paul, dans le 8e. chapitre de l'Épitre aux Romains, que tous ceux qui sont conduits par l'Esprit de Dieu sont les enfans de Dieu ?

D'AILLEURS il se rencontre dans cette proposition le même vice que dans la précédente. Vous appellez Dieu Très-Haut & Tout-Puissant dans l'une ; & dans celle-ci vous qualifiez Jésus de Seigneur. Cette Souveraineté que le mot Seigneur exprime, appartient sans doute, au Pere, comme aux deux autres Personnes. Et tout ce que je pourrois conclure en rigueur de ces deux passages de votre Symbole, c'est que vous n'admettez qu'une seule Personne en Dieu, à laquelle vous donnez tantôt le nom de Pere & tantôt celui de Fils, comme vous l'imaginez ; mais ce sentiment d'unité a été condamné par toute votre Eglise dans la personne de l'hérésiarque Sabellius, & anathématisé comme impie.

ARTICLE III.

Qui a été conçu du Saint - Esprit , qui est né de la Vierge Marie.

Il est reconnu par tous ceux qui se mêlent de raisonner que les particules *du* & *de* entraînent après elles une idée de principe & de composition ; ensorte que dire que Jésus a été conçu du Saint Esprit , c'est avancer qu'il est composé de la substance du Saint Esprit , & par conséquent qu'il en est le fils propre & naturel. J'avoue qu'il étoit difficile de dire la chose autrement ; mais que penser d'une vérité qui n'a point de termes clairs pour l'exprimer ? En général quand nous disons qu'une chose vient d'une autre, qu'un Enfant a été conçu de son Pere , nous excitons dans l'esprit de ceux à qui nous parlons les idées de priorité & de postériorité. Et ce n'est pas tirer votre proposition par les cheveux que d'en conclure que, selon vous, le Saint Esprit seroit antérieur à Jésus ; car enfin Jésus est conçu de lui.

Au reste, qu'entendez-vous par être

né de la Vierge? Suivant les acceptions les plus communes, naître, c'est prendre naissance, c'est passer à l'existence. Si Jésus a pris naissance, est né de la Vierge, il n'étoit donc pas avant. De cette expression vague *est né*, on pourroit encore croire que Marie est la mere de tout ce qui est en Jésus ; & dans ce sens elle seroit la mere de la Divinité ; ce qui non seulement est absurde, mais impie, & d'une dangereuse conséquence. Il falloit, comme l'Auteur de l'Evangile de St. Jean l'a dit, poser seulement qu'il s'étoit fait ou qu'il avoit pris chair dans les flancs de Marie.

ARTICLE IV.

Qui a souffert sous Ponce Pilate, a été crucifié, est mort, a été enseveli.

C'étoit ici le pas glissant ; il falloit plus d'habileté que n'en avoient les Apôtres pour n'y pas échouer. Comme il étoit de l'essence de la Religion que Jésus soit ressuscité, il falloit nécessairement supposer sa mort. Mais les actions & les passions sont tellement pro-

pres au suppôt qu'on les attribue à sa
nature, à laquelle appartient l'hypostase
ou la personne ; ainsi quand un bras est
mort dans le corps d'un homme, on ne
dit pas pour cela que l'homme soit mort,
à moins que la nature elle-même ne soit
entiérement périe en lui ; qu'il ne soit
tout mort.   Il falloit donc dire que l'humanité de Jésus étoit morte ; autrement
il n'est personne qui ne conclue de votre proposition *est mort*, que tout ne soit
mort en lui ; car remarquez que le sentiment de vos Théologiens est que les
deux natures divine & humaine étoient
unies hypostatiquement en Jésus, c'est-
à-dire, qu'elles composoient indivisible-
ment sa personne.

ARTICLE V.

*Qui est descendu aux Enfers, est ressuscité
des morts.*

Pourquoi Jésus est-il descendu aux
enfers ? Est-ce pour y souffrir les tour-
mens des damnés ? Cela est impie & blas-
phématoire.   Cependant on ne peut at-
tribuer ce voyage à aucun autre motif ;

car il pouvoit faire tout le reste par sa toute-puissance.

CE n'est pas tout. La peine du dam consiste dans la privation de la vue de Dieu : ainsi on soutient, d'un côté & de l'autre, que cette peine est éternelle. Mais de deux choses l'une : ou Jésus, entant que Dieu, n'est point descendu aux enfers, ou Jésus n'est pas Dieu ; à moins qu'on n'aime mieux dire que la peine du dam n'est point éternelle. Les deux propositions précédentes sont liées à celle qui suit ; & leur réunion en va faire voir de plus l'absurde.

ARTICLE VI.

Qui est monté aux Cieux, qui est assis à la droite de Dieu le Pere tout-puissant.

VOUS ne pouvez disconvenir à présent que la divinité de Jésus n'ait souffert, ne soit morte, n'ait été ensévelie ; car en partant de ces diverses situations, vous vous servez des mêmes termes que vous employez pour exprimer son ascension ; c'est toujours *qui a souffert*, *qui est mort*, *qui est ressuscité* ; & il paroît clairément que c'eſt préciſément la même nature, le même individu *qui eſt* monté au ciel.

MALGRÉ l'abſurdité qui brille à travers toutes ces propoſitions, je rends juſtice à vos Apôtres. Ils ne pouvoient guere s'expliquer autrement. Dans l'hypothèſe du péché originel qui damnoit tous les hommes, il falloit qu'une perſonne d'un mérite infini, donnât une ſatisfaction infinie, pour réparer l'offenſe infinie que Dieu avoit reçue. Or tous ces moyens infinis de réconciliation ne pouvoient pas ſe trouver dans la nature humaine qu'on ſuppoſoit infiniment corrompue. Les Apôtres donc crurént qu'il falloit tout ſimplement faire mourir Jéſus tout entier. Ils n'étoient point métaphyſiciens, ils ne s'apperçurent point qu'il étoit ridicule de faire mourir, enſévelir &c. la Divinité.

IL y a plus de maladreſſe dans la tournure qu'ils ont donnée à la ſeconde partie de la 6e. proposition ; car par la maniere indéfinie dont ils s'expliquent on peut juger 1°. que Dieu eſt un Etre corporel, puiſqu'il a une droite & une gauche, & encore qu'il n'eſt point infini. 2°. Que Jéſus eſt aſſis à cette droite perpétuellement ; ce qu'on n'auroit

F 4

pû inférer, s'ils euſſent ſimplement dit qu'il s'eſt aſſis ; car on peut ſuppoſer qu'il s'eſt levé enſuite ; mais cette maniere excluſive *eſt aſſis*, prouve qu'il s'y eſt p'acé d'abord & qu'il y eſt encore actuellement. Outre la plaiſante idée qu'offre un Dieu qui ne peut changer de place, c'eſt que je ne ſçai comment accorder cet *eſt aſſis* affirmatif avec ce que rapporte le Chap. 7. v. 55. des Actes des Apôtres, que St. Etienne l'a vu debout ; & encore avec ce que dit St. Jean, Chap. 14. v. 4. de l'Apocalypſe, que les Vierges ſuivent continuellement l'Agneau par-tout où il va.

A R T I C L E VII.

D'où il viendra juger les vivans & les morts.

JE ſçai que votre Evangile inſinue que Dieu le Pere ne veut plus s'occuper à juger & qu'il s'eſt déchargé de ce ſoin ſur ſon fils ; mais cela prouve encore la main d'homme, car outre que cette action prouve dans la Diviſnité deux volontés, l'une du Pere, qui

ne veut plus juger, l'autre du Fils qui
se charge du jugement, c'eſt qu'encore, comme nous l'avons dit plus haut,
tous & chacun des actes, faits par l'u-
ne des trois Perſonnes, ſont communs
à toutes.

MAIS arrêtons-nous un moment à
ce que Jéſus viendra juger les vivans
& les morts. Comment ſe pourra-t-il
faire qu'il y ait des hommes vivans à
la fin du monde? Eſt-ce qu'il y en
auroit quelques-uns qui ne mourront
pas? D'ailleurs tant que l'homme eſt
en vie, il n'eſt point ſuſceptible de
jugement parce que ce qui lui reſte de
temps à vivre, que'que court qu'en ſoit
l'eſpace, ſuffit pour le remettre dans la
voye du ſalut, ou pour l'en ôter, s'il
y étoit. En ſuppoſant néanmoins qu'il
ſe trouvât des hommes encore vivans
au dernier jour, quelle eſpece de jugement pourront-ils ſubir? Ce ne ſera
ni la récompenſe ni la punition. Dieu
n'a dit nulle part qu'il prècipiteroit des
Etres tous vivans dans l'enfer. Et pour
entrer dans le ciel, il faut que les
corps ſoient dépouillés de leurs parties
terreſtres; c'eſt une condition ſans laquelle ils ne ſçauroient poſſéder la
g'oire.

F 5

A R T I C L E VIII.

Je crois au Saint-Esprit.

CETTE proposition n'est pas assez expliquée; il n'y est parlé ni de la divinité du Saint-Esprit, ni de sa procession de deux autres Personnes. Elle favorise l'Arianisme & les Grecs schismatiques. Mais vous croyez peut-être que les Auteurs du Symbole ne se sont exprimés de la sorte que pour abréger une formule qui avoit besoin d'être très-courte; point du tout. La vraie raison pour laquelle ils n'ont rien dit de la divinité & de l'éternité du Fils & de celle du Saint-Esprit, c'est que ces points de votre foi n'étoient pas encore établis de leur temps, & qu'ils n'ont été insérés dans le corps de votre croyance, que dans des temps très-postérieurs aux Apôtres, le Concile de Nicée étant le premier des Conciles où l'on ait agité ces questions, que des hérétiques avoient élevées.

LE Chrétien ne trouvoit rien à rétorquer dans la discussion du Philosophe,

Il sentoit trop le foible de sa cause, pour risquer de se compromettre en la voulant défendre. Quant au reste du Symbole, ajoûta le Sçavant, il n'est pas plus exact. Les deux épithetes de *Sainte* & de *Catholique* qu'on y donne à l'Eglise, ne signifient absolument rien. Si par *Sainte* vous entendez que tous ceux qui la composent sont Saints, c'est une lourde erreur. Si dans le sens opposé, vous dites que l'assemblée des Justes composent l'Eglise, autre erreur. Non, me direz-vous, & les paroles, *la Communion des Saints*, qui suivent immédiatement levent la difficulté. Je trouve moi qu'elle subsiste en entier. Car, ou cette communion avec les Saints est absolue, ou elle est particuliere. Dans le premier cas il est absurde de dire que les méchans & les réprouvés partagent les biens spirituels avec les Saints. Et si cette communion est partielle, elle est inutile, puisque ce qu'on communique de biens aux méchans ne suffit pas pour les rendre bons.

Il paroît que ç'a été le sentiment des Apôtres, qu'il suffisoit d'être Chrétien, c'est-à-dire, d'être baptisé, pour être sauvé : maxime plus politique que religieuse, qui a valu Constantin au Chris-

tianifme & qui, entre les mains de gens
plus habiles, auroit pû mériter à votre
Religion le titre d'Univerſelle ou de Catholique, que vous lui déférez ici fauſ-
fement, puiſqu'il eſt clair qu'elle ne do-
mine que dans une très-petite partie de
l'univers.

C'EST ce préjugé qu'on gagnoit le
ciel par la ſeule action de ſe faire Chrétien, qui a fait inſérer dans le Symbole l'article de la rémiſſion des péchés.
Cette rémiſſion eſt exprimée ici de la
maniere la plus abſolue.   D'où vient?
c'eſt que ſi on y eût ajouté la condition
de la ſatisfaction, par la voye du repentir & de la pénitence, comme la
Religion payenne en offroit autant, &
qu'elle agréoit mieux aux hommes, perfonne ne ſe fût fait Chrétien.

ENFIN nous voilà arrivés aux deux
dernieres propoſitions de votre Symbole.   Il s'agit dans l'une de la réſurrection de la chair.   Mais d'où vient que
Saint Paul dans ſon Epitre à Timo-
thée, Chap. 2. v. 18. prononce anathê-
me contre Philete & Hymenée qui ſe
ſervoient de la même propoſition pour
annoncer cette réſurrection de la chair?
Il eſt certain que St. Paul penſoit comme moi que cette expreſſion étoit trop

abrégée; & en effet comme elle vient à la suite de choses qu'on repréſente comme étant déjà, il ſemble que cette réſurrection ſoit déjà faite, ou qu'elle ſe fait inceſſamment. D'ailleurs, comme rien n'eſt ſpécifié dans l'expreſſion, on peut en conclure que Mahomet n'eſt pas dans l'erreur, quand il aſſure que les hommes reſſuſciteront avec une chair animale & ſujette aux mêmes paſſions qui nous travaillent en cette vie.

La maniere de parler indéfinitivement, eſt le vice qui régne dans tout le Symbole. Vous croyez la vie éternelle, dites-vous. Mais par la maniere générique dont vous vous exprimez, vous ſemblez exclure tous les hommes de la mort éternelle. Et l'on doit rapporter ceci à ce que nous venons de dire du préjugé affecté, ou de bonne foi, que tous les Chrétiens ſeroient ſauvés. Il convenoit de balancer les ſacrifices qu'on exigeoit des nouveaux convertis, par l'eſpoir de récompenſes dont la certitude équivalût, autant que cela ſe pouvoit, à celle des pertes qu'on ſouffroit actuellement en ſe faiſant Chrétien.

LE CHRÉTIEN.

Mais ce que vous appercevez d'humain dans la Religion Chrétienne, & ce que moi-même je suis forcé d'y reconnoître pour tel, suffit-il pour engager à l'abdiquer? J'avoue que si l'examen de la Religion conduisoit à y renoncer, je ferois dans un extrême embarras; car d'un côté, je n'en vois point de meilleure, quant aux faits qui lui servent de preuves, & aux dogmes dont elle exige la croyance; & de l'autre, je vois que la morale du Christianisme est la meilleure & la plus conforme à notre situation en ce monde, de toutes celles qui existent actuellement. Tout y ramene l'homme à l'homme & à son Créateur, & ne peut qu'opérer notre félicité.

Le Philosophe.

Sçavoir si l'on doit suivre la Religion Chétienne considérée comme l'ouvrage des hommes & seulement à cause de l'excellence de sa morale, est une question qui tient à beaucoup d'autres, & que nous ne pouvons vuider dans cette séance. Mais si vous voulez me revenir voir demain, je vous promets d'éclaircir ce point. Quand une Religion n'est plus respectée comme divine, la soumission à ce qu'elle prescrit peut de-

venir une affaire de fentiment ou de
tempérament, ou de fimple déférence
pour les loix civiles, fi elles en défendent l'infraction, ou enfin de préjugé refpectueux pour l'Inftituteur.
Auffi dès qu'une Religion en eft réduite à ce point, elle n'eft plus, & tout
fon Etre eft perdu. La foi des myfteres que comporte une loi religieufe, en eft toute la bafe, & dès qu'on
y touche, l'édifice eft ébranlé. Les
Chrétiens affermis par le fang & par
une longue habitude de la croyance
de leurs dogmes, ont voulu, pour s'af-
fujettir l'univerfalité des hommes, en-
treprendre de raifonner fur leurs dogmes, fur leurs myfteres, & d'en démontrer la probabilité; & par ce procédé, fi contraire à la maxime qui
veut que le filence & l'obfcurité accompagnent toujours la Religion, ils
n'ont point acquis ce qui leur manquoit
& ont perdu beaucoup de ce qu'ils
avoient. Ce n'eft pas que les myfteres
du Chriftianifme l'emportent, quant à
l'abfurde, fur ceux des autres Religions. Les Epiphanies d'Ofiris chez
les Egyptiens, & la préfence réelle de
Jéfus fur tous les autels de la Chrétien-
té, n'ont pas un dégré de probabilité

les unes fur les autres. Mais en fait de myfteres, quand on a dit qu'ils font, on a tout dit. Les fectaires ne devro.ent jamais perdre de vue ce principe. Ils prétendent, contre leurs adverfaires, que qui dit myftere, entend une chofe au-deffus de la raifon, qu'on ne fçauroit pénétrer, ni approfondir, & ils font les premiers à raifonner fur ces objets.

Pour ne dire qu'un mot en paffant fur vos myfteres, je penfe qu'on avoit agi fagement en fe contentant de dire d'abord que Dieu étoit préfent fur vos autels. Mais dès qu'en éclairciffant la queftion, on a ajouté que Jéfus - Chrift étoit réellement dans chaque hoftie a-près la confécration, & dans chaque particule même de l'hoftie, & non feu-lement comme Dieu, mais comme hom-me, en un mot tel qu'on l'avoit vu en Judée, on a détruit tout le preftige. Des gens attentifs n'ont pas manqué de fentir qu'il eft impoffible qu'un corps matériel de 5. pieds & quelques pouces fe réduife en une ligne, & encore que, fuppofé qu'il fût à ce point réductible, il fût invifible. Le mot lâché, on a eu beau dire que le corps, préfent fur les autels, étoit un corps glorifié, on a foutenu de l'autre côté & avec raifon

qu'un

qu'un corps qui n'avoit point d'étendue, n'étoit point un corps. La préfence réelle, l'Enfer & le Paradis font trois dogmes qui n'ont pas plus de fondement l'un que l'autre. Nous concevons les fubftances indeftructibles, quant à l'effence, mais comme périffables, quant à la forme. Par quelque préparation que paffent cès fubftances, il faut de néceffité qu'elles tiennent toujours effentiellement de leur naturè : en forte qu'il n'eft pas plus poffible que mon corps foit éternellement récompenfé dans le ciel, ou puni dans l'enfer, ou qu'un corps pareil au mien foit réduit en une ligne, ou à l'invifibilité, qu'il ne l'eft qu'un morceau de bois ne fe brûle point dans le feu, ou qu'une lieue de chemin foit réduite à une toife.

Ceux d'entre vous qui ont réduit à l'ame feule l'efpoir des peines & des récompenfes, n'ont pas mieux réuffi. Il faut abfolument que les ames foient des fubftances créées ; autrement elles feroient éternelles ; mais comme vous fuppofez l'éternité en Dieu, & que vous ajoûtez qu'il eft infini, il doit comprendre l'infinie éternité : & alors, comprenant tout, les ames feroient néceffairement de fes

parties. Or, il eſt abſurde de prétendre que Dieu puniſſe ou récompenſe
des parcelles de ſa propre ſubſtance.

DANS ce principe qui eſt le plus vrai-
ſemblable, & le plus communément ſuivi parmi vous, que les ames ſont des
ſubſtances créées, le dogme qui admet
leur peine ou leur récompenſe eſt ex-
travagant. Avez-vous donc oublié cet
axiome inconteſtable, que tout ce qui
a eû un commencement aura une fin?
D'ailleurs la nature ſpirituelle que vous
donnez aux ames, les met à l'abri de
la crainte des peines; & je ne vois pas ce
qui pourroit faire leur félicité. Quand,
mettant à part tout ce que vos myſti-
ques ont imaginé de l'enfer, je rédui-
rois la peine du dam à la ſeule privation
de Dieu, je ſoutiens que l'ame ſpirituelle n'eſt point ſuſceptible d'une telle
privation; car voir eſt un acte phyſique, & qui, convenant aux corps, ne
ſçauroit convenir à l'eſprit pur & dé-
gagé de toute matiere.

Vous m'allez dire qu'il nous arrive
journellement d'appercevoir par les yeux
de l'eſprit, au moyen de la réflexion,
des Etres qui n'ont nulle réalité. D'où
vous conclurrez que la faculté ſpirituelle n'a pas beſoin d'objets corporels pour

agir, ni d'être elle-même une table
matérielle, pour recevoir l'impreſſion
phantaſtique des Etres intellectuels. Pour
vous répondre en deux mots, il eſt
utile de diſtinguer la nature des divers
objets apperçus par ce que vous appellez l'ame.

1°. Cette faculté apperçoit ſouvent
des Etres qui n'exiſtent point hors
d'elle-même, & qui n'ont de réel que
le phantôme qu'elle s'en repréſente.

2°. Il arrive, & c'eſt le plus ordinairement, que l'imagination ſe repréſente des formes qui n'ont point d'existence hors d'elle, ni dans la nature;
mais qu'on y prenne garde, les formes
partielles de ces formes génériques ſont
priſes dans les corps que nous connoiſ-
ſons. Les Sphinx n'exiſtent pas plus
que les Centaures; mais les Etres qui
en tout ou en partie les compoſent ſont
l'homme, la femme, le cheval &c.

La faculté qui apperçoit en nous, ne
le fait que de trois façons. Ou elle voit
les objets tels qu'ils ſont dans la nature
& n'ajoute ni ne retranche rien à l'idée
de cheval qu'elle conçoit, par exemple: ou elle réunit les idées génériques
du cheval & de l'homme qu'elle conſi-
dere comme partielles alors, pour en

faire la forme d'un Centaure: ou **enfin** elle confidere comme des Etres des chofes qui font feulement des qualités ou des accidens d'Etres, comme la couleur, la grandeur, la beauté, la bonté &c. Mais foit que l'ame confidere les Etres ou leurs propriétés, c'eft toujours dans la nature qu'elle puife les objets de fon action; c'eft toujours à l'impreffion que des objets corporels ont précédemment faite fur elle, qu'elle eft redevable de fes conceptions actuelles. Enforte que pour la rendre fufceptible de peine ou de punition non - corporelle & purement fpirituelle, il faut qu'on lui ôte la faculté de recevoir les impreffions de la matiere. Et fi l'on s'obftinoit à foutenir qu'elle eft également capable de recevoir les impreffions des divers agens matériels & fpirituels, il n'y auroit point de doute qu'elle ne fût au moins en partie matérielle, & comme telle périffable à la façon de nos corps, & non fufceptible par conféquent d'une peine ni d'une récompenfe éternelle.

L'ame des juftes, dites-vous, verra Dieu; la peine de l'ame des réprouvés fera de ne le point voir. Dieu eft infini, dans votre hypothèfe: & comment votre ame, créature finie, pourra-t-elle appercevoir l'infini ? Il faudra donc que Dieu la rende infinie comme lui.

L'AME des réprouvés ne verra point Dieu : je le crois. Il y a bien plus de distance entre le ciel & l'enfer, qu'entre vous & moi ; cependant le moindre voile met votre ame dans l'impossibilité d'appercevoir mon corps.

L'AME, me direz-vous, a une connoissance de Dieu ; & c'est cette connoissance qui lui en rend la privation si douloureuse en enfer. Où a-t-elle acquis cette connoissance ? Ce ne peut être qu'à l'instant de sa création. Mais si le bien suprême consiste dans la vue de Dieu, par quelle injustice Dieu punit-il une ame encore innocente, en l'envoyant habiter un corps ? Si la vue de Dieu est un bien infini, la privation de cette vue, ne fût-ce que pour un très-court espace de temps, est un supplice infini ; & je ne m'étonnerois plus de voir tant de méchans, si votre hypothèse étoit fondée.

Qu'on ne m'objecte point que cela étoit dans l'ordre des choses. Ce raisonnement est pitoyable. Si Dieu vouloit être adoré, il a ses Anges ; il pouvoit en multiplier le nombre. L'homme, supposé doüé d'une ame spirituelle, est le plus malheureux de tous les animaux. Il n'a comme eux que les facultés propres à son Etre, & souvent dans un très-foible dégré; & sans jouir de plus de plaisir que le reste des Etres de sa sphere, il est dévoré par une inquiétude sur son sort futur, qui est bien capable d'empoisonner tous ses plaisirs, s'il y livre son imagination.

Je voudrois bien qu'on me dît pour quelle raison Dieu s'est déterminé à doüer l'homme d'une ame, plutôt que le lion ou tel autre animal? Puisque toutes les fonctions de l'ame sont indépendantes de la matiere, il étoit indifférent de la placer dans tel ou tel individu. Il est fatal à l'homme d'avoir été choisi.

FIN du quatrieme Dialogue.

Le Saducéen, d'accord sur la matérialité de l'ame avec le Philosophe, craignoit & avec raison de ne s'y point trouver sur le reste. Il brûloit d'envie de s'éclaircir; mais il falloit attendre son tour. Pour le Chrétien, il se promettoit toujours que la morale de sa Religion étoit la meilleure; il falloit, en ne la regardant même que comme une institution civile, s'y conformer exacte-

ment, & par amour pour l'ordre, &
par respect pour la bonne intention du
Législateur. Nous allons voir s'il per-
sista dans son sentiment.

DIALOGUE V.

ENTRE LE PHILOSOPHE, LE CHRÉTIEN ET LE SADUCÉEN.

LE PHILOSOPHE.

J'AI, dit-il parlant au Chrétien, une
question préliminaire à vous faire. E-
tes vous heureux dans votre Religion,
& trouvez-vous une entiere satisfaction
à accomplir ses préceptes ? Je me suis
fait une loi, qui est de ne jamais tirer
de l'erreur ceux qui y trouvent leur félicité. Car comme c'est à raison des
passions qui nous agitent, que nous en-
visageons les objets, il arrive souvent
que tel qui jouit de tout le bonheur
dont il est susceptible au sein des préjugés, devient le plus malheureux des
hommes, si on lui montre la vérité,

Tous les humains ne font pas également faits pour la faifir. Il en eft des Religions comme des femmes : c'eft fouvent par ce qu'elles ont de mauvais qu'elles plaifent.

LE CHRÉTIEN.

JE manquerois de fincérité en vous difant que c'eft à la Religion que je fuis redevable du peu de bonheur dont je jouis. Je fuis même forcé d'avouer que je ne me procure que rarement quelque fatisfaction, fans donner l'entorfe à un ou à plufieurs des préceptes qu'elle m'impofe ; infraction qui fait de ma vie une alternative continuelle du plaifir, au repentir de l'avoir goûté. Cependant je ne hais point ma morale ; & lorfque je m'en écarte, je fens que c'eft moins la faute du principe qui m'eft prefcrit, que la mienne propre.

LE SADUCÉEN.

LA pofition où vous vous trouvez eft celle de tous les hommes perfuadés de la vérité d'une Religion quelconque. Notre Légiflateur a trouvé la fource de cette fituation. Le combat perpétuel que nous éprouvons, réfulte du bien qui eft refté en nous, & du mal qui l'accompagne, depuis la corruption de notre nature par le péché d'Adam. Nulle autre loi que celle de Moyſe ne rend bien raiſon de ce contraſte entre nos penchans & nos devoirs.

LE PHILOSOPHE.

IL régne, je l'avoue, un contraſte bien frappant entre nos devoirs & nos inclinations ; mais il y a apparence que cette différence ne ſeroit pas ſi remarquable, ſi nous vivions encore dans l'état de pure nature. Ce qui me le fait croire, c'eſt que nous n'éprouvons pas les mêmes obſtacles, lorſque nous nous acquitons de certains devoirs, que de certains autres. Il faut diſtinguer dans les Religions entre les préceptes ou points de morale qui leur ſont particuliérement propres, & ceux qui ſont communs à tous les hommes de différentes croyances.

DANS la premiere claſſe, il faut encore ſe garder de confondre certains préceptes relatifs aux temps, aux lieux & aux perſonnes.

LES loix de propreté preſcrites par Moyſe & très-utiles en Aſie, où elles ſubſiſtent encore indépendamment de la loi Judaïque, ſeroient abſurdes ſous la

Zône glaciale. Cependant ceux des Juifs qui se trouvent habiter les climats froids ne laissent point de pratiquer ces loix. Elles faisoient leur bonheur dans l'Orient ; elles leur deviennent extrêmement à charge dans le Nord. Ce n'est point la faute du Législateur, mais bien celle de ceux qui les pratiquent. Tout ce qu'on peut en ce cas reprocher à Moyse, c'est de ne s'être pas assez expliqué sur la nature des lieux où ces pratiques étoient essentielles. Mais comme il falloit que ces institutions passassent pour divines, il n'en pouvoit dire davantage.

Nous venons de voir que les loix de Moyse relatives à la propreté, l'étoient aussi aux lieux pour lesquels elles étoient faites. Disons la même chose de celles que Jésus-Christ porta sur l'aumône. Ces loix regardoient les personnes. Une Religion dont les membres primitifs n'étoient que des gueux, avoit un besoin essentiel du précepte de la charité. Ce n'est pas que ce précepte ne fût plus ancien que le Législateur des Chrétiens ; tous les Instituteurs l'avoient posé. Mais Jésus, qui en avoit plus besoin qu'eux, le rendit de rigueur. D'un moyen de plus grande perfection, il fit un moyen absolu de salut. Dans les anciennes Religions, il suffisoit de donner ce qu'on demandoit : selon Jésus-Christ, il faut donner son manteau à quiconque ne nous demande que notre robe. Ses successeurs ont donné à ce précepte toute l'ampliation dont il étoit susceptible. Il a été des temps parmi les Chrétiens où l'on étoit privé de la sépulture lorsqu'on ne léguoit rien aux Eglises. Quand un homme mouroit *ab intestat*, l'Evêque nommoit un Clerc à la discussion de ses biens, pour en distraire ce qu'il convenoit de prendre, c'est-à-dire, ce qu'on supposoit que le défunt eût légué s'il ne fût pas mort sans tester. Ils ont même fait consister le vrai mérite à donner, à se dépouiller de tout sans qu'on nous le demandât, & en faveur de l'opulent, comme du nécessiteux. S'ils eussent mis eux-mêmes en pratique le précepte de l'aumône, les richesses ne seroient pas restées un instant dans la main d'une même personne, & la confusion n'auroit pas tardé à paroître.

Tant que l'Eglise Chrétienne a été composée d'un petit nombre de misérables pêcheurs auxquels peu suffisoit, ce principe n'a rien eu d'absolument dangereux. Mais quand elle est venue à s'aggrandir, que ses chefs ont pris le faste des puissances civiles, il a été fatal au monde, parce qu'il a fait un grand nombre de pauvres, que les aumônes, qui se refroidissoient à mesure que la Religion s'éloignoit de sa source, ne pouvoient plus faire subsister.

Vous verrez dans l'écrit que je vous ai remis hier, quels maux sont nés des largesses faites aux Prêtres, dès qu'ils les ont employées à leurs propres besoins réels ou supposés.

On eût obvié à ces inconvéniens en cessant de donner aux Prêtres dès qu'ils ont eû assez pour subsister. Peut-être n'auroit-on pas moins rempli l'idée du Législateur en agissant ainsi & l'on se feroit réservé dans tous les cas le pouvoir d'assister ceux qui ont des besoins réels & naturels. Comme les secours doivent être proportionnés à l'état des personnes, il semble que les hommes ne devoient jamais se dépouiller du droit de faire par eux-mêmes un acte qui exige tant de précautions.

La maxime qui rend la chasteté préférable au mariage & le précepte qui rend celui-ci indissoluble, en le restraignant à une seule personne, a sa source dans la néceſſité où Jéſus ſe trouvoit de contraſter avec l'ancien Légiſlateur des Hébreux.   On ne trouve ni dans les lieux , ni dans les perſonnes la raiſon de ces prohibitions.   On peut donc les regarder comme nées uniquement du caprice du fondateur , qui étoit garçon , ou de ſon intérêt.

L'ORDRE de garder la chaſteté pour une plus grande perfection , ne ſçauroit convenir à nulle ſociété ; car une ſociété de gens qui voudroient être parfaits à ce prix , ne ſubſiſteroit pas long-temps.   Une preuve que cette maxime eſt contre nature , c'eſt la peine qu'on a à s'y conformer , & le plaiſir qu'on ſent à l'enfraindre.   Mettez un Juif & un Chrétien dans le même cas ; l'un n'aura point de remords , l'autre ſera déchiré de repentir parce que la loi du Juif lui permet de ſe multiplier , & que celle du Chrétien , ſi elle ne le lui défend pas , ne lui en accorde au moins la permiſſion , que comme par condeſcendance pour ſa foibleſſe.

LA différence qui ſe remarqueroit en ce cas , ne feroit point une preuve de la fauſſeté de la maxime évangélique , ſi elle ne ſe rencontroit qu'entre deux perſonnes.   Mais de toutes les Religions du monde, la Religion Chrétienne est la seule qui ait préconisé la virginité, comme elle l'a fait. Or dans ce cas, comme dans tous ceux où la nature ne s'exprime pas sensiblement à chaque Etre, c'est la multiplicité des témoignages qu'il faut suivre. Ils sont toujours conformes au vœu de la nature. Ce qu'il y a de singulier, tant est grand l'empire de la nature ; c'est que ces mêmes Prêtres qui rassemblés divinisent la virginité, font sans cesse, & par leurs discours & par leur conduite, l'apologie de l'acte qu'ils proscrivent.

Au reste, ce point de votre morale est d'autant plus absurde, qu'il est impraticable à bien des gens ; & que ceux qui s'y conforment par tempérament n'en ont aucun mérite de plus. La nature doit l'avoir en horreur ; & si elle étoit l'ouvrage d'un Etre distingué d'elle, il ne lui seroit pas moins répugnant.

Chez vous on ajoute des conditions à la virginité qui la rendent plus gênante. Il ne suffit pas dans certains Ordres d'être chaste actuellement ; il faut encore promettre avec serment de l'être toujours ; comme si l'homme pouvoit prévoir quel sera sur lui dans l'avenir l'effet de certaines causes physi-

ques indépendantes de lui & fur lesquelles il n'a aucune forte d'empire.

CES promeffes, que vous appellez des
vœux, ne font point dans la nature,
fous quelque point de vue qu'on les
confidere. En bute aux impreffions con-
tinuelles de tous les objets qui nous en-
vironnent, nous n'avons de force que
pour ne pas toujours réfifter à leurs im-
pulfions, que pour nous laiffer entraîner
par la loi victorieufe du plaifir. La réfiftance que nous lui oppofons n'eft que
pure grimace ; & fi elle eft fincere dans
quelques-uns, elle n'eft pas continue.
La preuve de ce que j'avance fe tire
des défordres privés & publics qui ré-
fultent des vœux, de quelque nature
qu'ils foient.

L'INDISSOLUBILITÉ du mariage eft
encore une fource de plus de maux. Le
pardon & l'oubli des injures peut fe fuppofer plus facilement entre particuliers ;
mais il eft barbare d'exiger que deux
perfonnes qui fe haïffent & qui en ont
fouvent de bonnes raifons, partagent une
même couche. Jéfus en portant cette
loi, vouloit fe diftinguer de Moyfe, &
arrêter l'abus de la loi du divorce que
les Juifs avoient portée à l'excès. Il
ne pouvoit pas préfumer que fon pré-

cepte feroit accompli de rigueur ; ce
n'étoit pas non plus fon intention, puifque, comme il le dit, il ne vouloit point
détruire la loi de Moyfe, mais l'accomplir. Ses premiers fectateurs n'ont point
cru qu'il eût parlé ftrictement en ce cas.
Nous voyons la loi du divorce en vigueur dans les premiers fiècles du Chris-
tianifme, & ce n'eft qu'après Charle-
magne qu'on en trouve la fuppreffion.

CETTE loi portée par Jéfus - Chrift
eft vicieufe ; & en voici quelques preuves. 1°. En certains pays chauds, comme en Efpagne, où les femmes font peu
fécondes, on a été contraint d'enfraindre cette loi d'une maniere implicite,
en tolérant les concubines, & accor-
dant une légitime à leurs enfans.

2°. EN d'autres pays feptentrionaux
comme la Pologne, on a préféré d'admettre plutôt mille vétilles religieufes
que d'abandonner le droit de convoler à
de fecondes noces, lorfque les premieres font mal aff* orties.

3°. EN France, la loi civile a barré
la rigueur de la loi facrée. Elle fépare
quant aux biens & aux corps ; mais elle
ne permet pas de paffer à un nouveau
mariage , parce qu'elle regarde avec
l'Eglife, le premier lien comme indiffo-
luble

ſuble tant que vivent les deux parties qui l'ont contraƈté. Mais comme en ce cas il s'agit d'atténuer une loi & d'en invoquer une autre, & que par ménagement pour la loi ſacrée, la loi civile a rendu les ſéparations très-difficiles, peu de gens y ont recours. On peut dire qu'en France & en Italie le divorce ſubſiſte, mais d'une maniere illégale, d'une maniere auſſi préjudiciable à la population de ces lieux qu'au repos & au bonheur des particuliers. De quelque part que vienne le motif de déſunion entre deux Epoux, il eſt toujours ſûr qu'il y a une partie innocente, laquelle eſt punie comme la coupable ; & qu'en en ſuppoſant une qui ſoit inhabile à ſe reproduire, c'eſt toujours une créature que la nature perd par la loi de l'indiſſolubilité du mariage. C'eſt encore de cette même loi que naît cette foule de célibataires, qui ſont tout à la fois la cauſe d'une perte ineſtimable pour la nature, & des troubles ſans nombre qui déshonorent les familles & les conduiſent à leur perte.

ENFIN cette loi née du caprice du Légiſlateur n'eſt bonne tout au plus que pour un peuple peu nombreux, & où l'on verroit naître un nombre égal d'in-

H

dividus mâles & femelles.   Elle avoit
été portée primordialement en Afie;
elle n'a pû y fubfifter.   Les opinions ne
tiennent pas longtemps dans un lieu où
elles ont à combattre le phyfique du
climat.

Le renoncement à foi-même que
preferit la Religion Chrétienne, eft encore un point de morale très-mal conçu.
Comment concilier ces deux préceptes,
dont l'un commande de fe haïr, & l'autre d'aimer fon prochain comme foi-
même ? Le renoncement à foi-même,
s'il étoit pratiqué en général, anéanti-
roit la loi plus ancienne & mieux fondée des fecours mutuels.   Comment dans
l'abnégation parfaite de foi-même, un
Pere pourra-t-il prendre foin de fon fils?
La violation d'une loi entraîne celle
d'une autre.   De-là, on voit parmi les
Chrétiens peu d'hommes qui renoncent
à eux-mêmes, & qui fe rendent utiles
aux autres.

On peut dire en général que ce renoncement abfolu n'eft point pratiqué;
mais on ne fçauroit nier qu'il eft un
grand nombre d'humains qui aiment leur
prochain.   L'un de ces deux actes nous
plaît, l'autre nous répugne.   Nous venons de dire que ces deux préceptes,

quoique contenus dans le même livre,
font diamétralement opposés. Donc
l'un eft faux & l'autre vrai. Pour fçavoir lequel des deux a la vérité de fon
côté, il fuffit d'examiner lequel ne répugne pas à la nature ; lequel eft le
plus généralement fuivi. C'eft fans doute l'amour du prochain. Votre Législateur a rendu lui-même ce précepte in-
violable ; mais il n'avoit pas la faculté
de faire que deux propofitions contraires fuffent néanmoins vraies.

Il feroit inutile de nous arrêter à
cette multitude de préceptes fubalter-
nes, qui confiftent à fe mortifier, à
jeûner, à n'avoir qu'un habit, à ne point
s'inquiéter du lendemain. Les plus fages d'entre vous fçavent quel cas ils doivent en faire ; & je fuis fûr qu'il n'eft
aucun de vos Prélats qui les mette en
pratique. Je vois que vous m'attendez
à cet admirable précepte qui ordonne de
faire le bien & de fuir le mal. Cette
loi portée par le Chrift, lui eft antérieure ; elle datte de l'exiftence de la
nature, & tous les Etres bien conftitués
s'y foumettent fans réferve, chacun felon fon genre & les befoins de ce genre. Il ne faut pas être Chrétien pour
la fuivre ; auffi eft-elle obfervée, fi vous

H 2

le remarquez bien, par tous les hommes en général, soit qu'ils vivent en société ou errans. Et s'il y a des excep-
tions à faire, je crois que c'est princi-
palement dans les pays où il y a une
inftitution religieufe. Ces fortes d'institutions, & fur-tout la votre, impofent
un fi grand nombre d'obligations minu-
tieufes à ceux qui les adoptent, qu'ils
n'ont pas le temps de remplir les obligations effentielles. D'ailleurs la pratique des grands principes n'entre pour
rien dans le fyftême d'intérêt qui fait le
fond d'une Religion quelconque : enforte que les Prêtres n'appuyent que rarement fur ces points capitaux dont
l'exercice leur eft au moins indifférent,
& rebattent fans ceffe les oreilles de chofes frivoles ou abfurdes dont il leur eft
intéreffant que le peuple foit infatué.
Une chofe eft à remarquer ; c'eft que
tous les Légiflateurs religieux fe font
accordés fur les principaux points de
morale, tels que font ceux qui regar-
dent le refpect dû à une premiere Caufe, la tendreffe & l'amour paternel &
filial, l'amour du prochain, & en général la fuite du mal & la recherche du
bien ; mais leur conformité ne va pas
plus loin, & à l'exception de quelques

maximes indifférentes, ils font dans une perpétuelle oppofition. Ne diroit-on pas que la nature les a contraints fur ces chefs de rapport, & que tout le refte eft l'ouvrage de leurs préjugés, de leurs goûts & de leurs intérêts?

Le Chrétien.

Je fens malgré moi qu'il eft impoffible de pallier les vices de la morale Chrétienne. Un grand nombre de perfonnes penfent comme vous fur cet objet, & vû les progrès des lumieres en ce fiècle, on ne fçauroit douter qu'il ne foit le tombeau du Chriftianifme. Mais convenons d'une chofe, qui eft, qu'il faut une Religion aux hommes. Cependant je ne m'apperçois pas que vous donniez la préférence à aucune de celles qui exiftent. Toutes, felon vous, font un amas mal digéré de quelques maximes génériques, communes à toutes les fectes, & de préceptes arbitraires & particuliers à chaque Légiflateur.

Le Philosophe.

Je fçai qu'il faut une religion aux fociétés; mais la nature a-t-elle jamais négligé le foin de leur en donner une? Quand toutes les inftitutions religieufes

qui font dans le monde feroient détruites au même iuftant, les hommes n'en
feroient pas pour cela un moment fans
religion.   Quelques efforts qu'ayent pu
faire la tyrannie des Princes & l'autorité
des Pontifes, ils n'ont pu anéantir la religion éternelle & univerfelle gravée en
caractères indélébiles dans le cœur de
tous les Etres qui penfent.   On verra
tomber, avec le temps, tous les préceptes humains ; mais l'inftant où l'on
ceffera de les pratiquer, fera celui où
les préceptes naturels, affoiblis par le
préjugé, repiendront toute leur vigueur.
La foumiffion au précepte abfurde qui
ordonne de fe haïr foi-même, s'évanoui-
ra, fans porter la moindre atteinte à celui de l'amour du prochain, quoique
tous deux émanent, à votre égard, de la
même fource.   Pour ne pas croire à
Jéfus-Chrift, on ne croira pas moins
qu'il faut fuir le mal & chercher le bien.
C'eft de ce précepte qu'on peut dire
avec raifon qu'il contient tout ce qu'il
eft utile de fçavoir & de pratiquer.   Il
renferme & la loi & les oracles de la
nature.

C'est donc mal à propos que l'on
s'allarmeroit fur la chute de certains fyftêmes religieux : un fyftême plus fimple,

qui subsiste conjointement avec eux & malgré eux, est tout monté, & tout préparé pour les remplacer. Il n'a pas à craindre les troubles qui accompagnent ordinairement les nouveaux étab issemens, parce qu'il est tout établi, que tous les hommes le suivent, souvent-même sans y penser; & que si on ne s'apperçoit pas que dans toutes les opinions, il soit le sentiment dominant, c'est qu'on n'y veut pas faire attention, ou qu'on a intérêt de se le dissimuler. Approfondissez le principe de la recherche du bien & de la fuite du mal; prenez le temps nécessaire à cet examen, & vous verrez qu'il suffit à tous les hommes. Vous observerez même, en y regardant de près, que la conduite de ces personnages que vous canonisez à cause des grands sacrifices que vous croyez qu'ils ont faits en leur vie, n'a point d'autre base que la recherche du plaisir & la fuite de la douleur, le tout comparativement, & relativement aux intérêts & aux préjugés; car en bien des rencontres le plaisir & la douleur, le bien & le mal sont respectifs.

F I N du cinquieme Dialogue.

IL est bien certain que ces deux pro-

pofitions, fuvez la douleur & cherchez
le plaifir, font toute la bafe de la Religion naturelle, & que la multitude de
conféquences qui peuvent s'en tirer,
feroient plus que fuffifantes pour former une inftitution capable de lier &
de refferrer même les fociétés. Il ne
l'eft pas moins qu'un fyftême uniquement formé fur ce principe n'apporte-
roit aucun trouble dans l'ordre civil d'un
Etat, entant que fes loix civiles feroient
fondées fur l'équité & conformes au
droit de la nature. Tout ce qui y ré-
pugneroit courroit rifque de fubir le
fort des opinions myftiques ; mais cela
ne pourroit préjudicier qu'à quelques
particuliers, & la grande claffe s'en
trouveroit mieux.

Il étoit bien du goût du Saducéen &
du Chrétien, qu'en cas d'une révolution
religieufe on remît en honneur ces excellens préceptes : ils entrevoyoient une
morale très-pure & très-fimple en dé-
couler comme de fa fource. Le Juif,
fur-tout, homme pacifique, fe congra-
tuloit dans l'avenir d'une religion qui
n'étant point fufceptible d'héréfie, dis-
penferoit les Pontifes de la cruelle peine
de faire brûler les Hérétiques. On tient
toujours à fa fecte par quelque côté. Il

se flattoit des rapports qu'il croyoit trouver entre la Religion naturelle & celle de Moyse. Un seul point les arrêtoit tous deux. La morale sortoit naturellement de nos deux préceptes; mais ils n'en voyoient dériver aucun culte. Cela les jettoit dans un extrême embarras. Tous deux tenoient pour certain cet axiome : il est un Dieu; donc il faut qu'il y ait un culte.

D'AILLEURS, disoit le Chrétien, je vois ce Philosophe être partisan du bien & détester le mal : il prétend même que tous les hommes, généralement parlant, ont du penchant pour l'un, & de l'aversion pour l'autre ; mais je ne vois point à qui il rapporte les actions, ni quel motif il donne à l'abstinence de mal faire. Si l'on s'en tient à ce qu'il nous a dit jusqu'ici, la fin de l'homme c'est l'homme même.

CE seroit aller un peu loin, dit le Saducéen. Je suis né dans une opinion qui n'admet ni peines ni récompenses au delà de cette vie ; mais nous croyons que la félicité ou la misere de cette même vie actuelle est conditionnelle, & qu'elle dépend d'un Souverain Etre qui en dispose à raison que nos actions lui plaisent ou lui répugnent. Aussi nous

H 5

abſtenons-nous de faire le mal autant qu'il eſt en nous, & rapportons-nous à Dieu le bien que nous croyons faire. Cela me paroît conféquent, reprit le Chrétien. S'il n'eſt aucun objet auquel on rapporte ſes actes, & qui en juge, pour enſuite y proportionner les récompenſes & les peines, ces actes me paroiſſent indifférens en eux-mêmes; & pourvû qu'ils ne lèzent point la loi natonale, ou que ſes miniſtres l'ignorent, ils ſont toujours bons, s'ils tournent à l'avantage de celui qui les produit. La queſtion m'embarraſſe, dit le Juif; mais je ne ſuis pas en état de la réſoudre. Ne nous hâtons pas de prononcer. Cet homme ne prétend ni ma victoire, ni votre offrande, & n'a point intérêt de nous tromper. D'ailleurs il ne ſe donne aucune autorité, & je ſuis ſûr qu'il n'en ſera pas moins notre ami, quand nous rejetterons ſon opinion.

L'INTÉRÊT qu'ont les Prêtres, dans toutes les Religions, à ſoutenir la vérité de leurs dogmes, rendra toujours ſuspectes & leur perſuaſion & les raiſons qu'ils en donnent. Un Sçavant du dernier ſiècle diſoit que s'il y avoit une Religion révélée & un culte, il ſeroit néceſſaire, pour qu'une telle Religion entraînât tous les hommes, ou qu'elle se fît connoître à chacun d'eux en particulier par un moyen sensible, ou que ses ministres & ses prédicateurs fussent des Etres extraordinaires, dont la langue fût entendue de tous, sans qu'aucuns la pussent prononcer, & qui vécussent d'une maniere non commune au reste des hommes, sans manger rien de ce qu'ils mangent, sans boire ; que leurs vétemens, fournis par la Divinité, ne s'usassent point; ensorte qu'ils ne fussent à charge à personne. Il faudroit encore, ajoutoit-il, qu'ils nâquissent tout élevés dans leur art, & qu'on ne fût point obligé de les fouetter pour leur apprendre ce qu'ils doivent un jour enseigner aux autres.

Si l'on exigeoit ces conditions, n'allons même pas si loin, si l'on réduisoit l'état de Prêtre au simple nécessaire, & que sa condition n'excédât point celle du Soldat, il est sûr que le nombre en seroit très-petit. Qu'on les ramene à leur institution primitive, & la classe s'affoiblira à vue d'œil. Les richesses ont toujours été l'écueil des divers sacerdoces qui ont inondé la terre. C'a été dans la vue d'en acquérir qu'il s'en est établi de nouveaux; qui après être

parvenus à un dégré excessif de fortune, ont été renversés par d'autres, qui
n'affectoient moins d'avidité que pour
surpasser leurs prédécesseurs en rapines.
Qu'on lise attentivement l'histoire de
toutes les Religions, on verra que l'am-
bition des Pontifes payens donna lieu au
système de Moyse, dont le culte étoit
peu couteux d'abord & ne consistoit
qu'en viande, en pain & toile, pour
l'entretien des Prêtres ; que dans la suite
Jésus se réduisit au plus simple nécessaire ; & que ce fut par un principe d'œ-
conomie que l'on adopta la Religion
Chrétienne, qui condamnoit également
les richesses & l'orgueil fastueux des Ministres Payens & Juifs, montés de son
temps au plus haut point.   D'après ce
qui s'est passé avant nous, & la connoissance que nous avons des révolutions
religieuses, on peut conjecturer que le
Christianisme qui a été dans son plus
haut point d'élévation dans le 10. 11.
& 12e. siècles, est voisin de sa chute.
Ses richesses immenses feront le motif
de sa destruction ; parce qu'il n'est qu'u-
ne certaine masse de richesses réelles dans
un Etat, qui devient languissant dès
qu'elles sont accumulées dans un seul

corps, & que, dût-on employer la violence ; il faut tôt ou tard lui rendre la
circulation qui lui est essentielle, & que
chaque Ordre y participe en propor-
tion.

Nous avons vû que le Philosophe en
supposant la destruction de tous les cultes actuels, qu'il traitoit d'illusoires, en
avoit un tout prêt pour leur substituer.
Mais tous ces cultes supposés faux dans
les conséquences, n'étoient pas moins
respectables dans l'hypothèse, puisque
ce n'étoient que diverses manieres d'a-
dorer le Souverain Etre. Cette fin de
toutes les Religions borne la curiosité
& satisfait la paresse de l'homme. Nos
Néophites en blâmant respectivement
les usages religieux, dont ils connois-
soient le faux, en vénéroient le motif ;
mais à qui rapporter le culte présuppo-
sé ? Ils vont l'apprendre.

DIALOGUE VI.

LE PHILOSOPHE, LE SADU-CÉEN, ET LE CHRÉTIEN.

LE CHRÉTIEN.

J'AI lû avec toute l'attention dont je suis capable, l'écrit que vous m'avez prêté. L'établissement de la Religion Chrétienne m'avoit jusqu'ici paru tenir du prodige ; actuellement je sens qu'il n'est qu'humain, & qu'on pourra, toutes les fois qu'on se rencontrera en de pareilles circonstances, en faire un semblable sans secours surnaturels. Comme d'un autre côté, les sectateurs du Christianisme ont parfaitement démontré l'illusion & la fausseté des autres cultes, il s'ensuit que de toutes les Religions existantes, il n'en est pas une seule vraie, ni par conséquent une seule qui mérite notre croyance.

LE SADUCÉEN.

DOUCEMENT : votre Religion, toute

superbe & jalouse qu'elle eſt, n'a jamais oſé arguer de faux la Religion de
Moyſe. Elle s'eſt contentée d'avancer
qu'elle étoit preſcrite, n'ayant été donnée aux Juifs que pour un temps, &
que pour les amener inſenſiblement &
par dégrés à la foi de myſteres plus ſublimes que Jéſus a enſeignés aux hommes ; myſteres dont, ſuivant les Chrétiens, les types étoient renfermés dans la
Religion Judaïque. Il feroit beau voir
le Chriſtianiſme attaquer le Judaïſme
comme faux, lui qui n'eſt qu'une bran-
che ſchiſmatique de l'ancienne Religion ; qui en a conſervé les principaux
uſages ; qui ne s'en eſt ſéparé abſolument que plus de trois ſiècles après la
mort de Jéſus. Pierre & le plus grand
nombre des premiers Diſciples, auroient
ſans doute anathématiſé vos Docteurs ;
car pendant toute leur vie le culte qu'ils
rendoient à Dieu étoit un mélange du
Judaïſme & de quelques nouvelles opinions. Notre Loi ſera toujours un code reſpectable aux Chrétiens, parce que
de ſa vérité dépend celle de la leur. Ils
ſe retranchent ſur ce que nous n'enten-
dons pas notre propre inſtitution ; mais
cette diſtinction, vous en ſentez la fri-

volité. Autant vaudroit dire qu'un Saxon n'entend pas l'Allemand.

Le Philosophe.

Ne croyez pas que les Chrétiens soient persuadés de la vérité de votre Religion. Ils ne lui ont déféré le titre de divine que par intérêt. Moyse avoit par ses allégories ouvert la porte à tous les Prédicans. Les nouveaux sectaires réfléchirent sur le poids qu'une haute antiquité donneroit à leurs opinions; ils adoptèrent le double sens qu'offroient vos livres, abandonnant la lettre au mépris des fables usées de l'ancienne Mythologie. Il y a beaucoup d'apparence que vos livres serviront encore de base à plus d'une imposture. Cette époque de la création, cette origine du mal & du péché, enfin ce détail, quoique confus, du prétendu premier âge du monde, tout cela est une besogne toute faite dont plus d'un fourbe profitera. Aucune Mythologie n'a parlé aussi affirmativement que Moyse sur ces faits hors de vraisemblance. Si Jésus, tout ami qu'il paroissoit être de vos constitutions religieuses, eût trouvé ailleurs ce qu'il a trouvé chez vous, il y a long-

longtemps que vos Livres divins au‑
roient été condamnés au feu.

MAIS vous convenez que la Reli‑
gion Chrétienne est fausse; & pensez‑
vous que, si la votre eût été vraie,
Dieu auroit permis qu'elle servît de fon‑
dement à l'imposture, & que sans for‑
ce ni vigueur, elle fût contrainte d'er‑
rer dans l'obscurité? Quelle idée avez‑
vous donc de votre Dieu & de ses loix?
S'il ne vous eût donné votre Religion
que pour un temps, sans doute il en
auroit parlé à Moyse, son organe sensi‑
ble. Il ne l'a pas fait: donc elle de‑
voit durer toujours. Et c'est ce qui se‑
roit arrivé, si elle fût émanée de la
Divinité. Vous soutenez Dieu immua‑
ble; & en même temps vous supposez
qu'il varie dans ses décrets. Il faut au
moins être d'accord avec soi‑même.

D'AILLEURS la Religion de Moyse
est un tissu de traits qui sentent l'huma‑
nité, grossiere même. Lisez vos livres,
de bonne foi, vous verrez que Moyse
n'est parvenu à vous donner des loix,
qu'en faisant périr ceux qui sçavoient
bien certainement qu'il n'avoit point
droit d'être votre Législateur. Vos ab‑
surdes sacrifices ne pouvoient être agréa‑
bles qu'aux Lévites qui les dévoroient,

I

& non à la Divinité, qui n'a besoin de rien, & de qui, de votre propre aveu, vous tenez & votre Etre & votre bien-être.

LE SADUCÉEN.

COMME c'est l'intention qui détermine la nature des actions, en supposant que la Divinité n'ait point commandé nos sacrifices, ils pouvoient toujours nous la rendre favorable, en conséquence de notre bonne foi. Il n'est pas absurde de penser que la Divinité veuille bien augmenter le bien-être de celui qui se prive volontairement d'une partie du sien, dans la vue de l'honorer.

LE PHILOSOPHE.

NON, dans un sens. Mais n'est-ce pas d'après la conduite des hommes que vous avez jugé de celle de Dieu? Un propriétaire de fonds ne donne ces mêmes fonds qu'à certaines conditions, sans lesquelles il se trouveroit réduit à un pire état que celui à qui l'abandon en seroit fait. Si le Rentier ne satisfait pas, le Seigneur le déposséde; & le fait punir, s'il a dégradé; quelquefois même il le rend esclave, ou l'emprisonne, suivant les coutumes. Voilà le type de votre Dieu,

e j'y trouve auſſi celui du Paradis & de
Enfer des Chrétiens. Je le diſois il n'y
 pas longtemps : c'eſt dans la nature
ue nous puiſons toutes les images dont
ous formons nos idées.

LE SADUCÉEN.

JE pars d'un principe : ce n'eſt pas
ious qui ſommes les auteurs des biens
lont nous jouiſſons. A qui donc défé-
erons - nous le culte de reconnoiſſance?

LE PHILOSOPHE.

LA reconnoiſſance doit être analogue
i la perſonne à qui on la doit. Si Dieu
lévoroit les offrandes qui lui ſont pré-
entées, plus de doute qu'il ne fallût les
continuer. Hors ce cas je n'en vois
qu'un à excepter ; c'eſt celui où la Divinité preſcriroit par un ſigne évident,
qu'elle entend qu'on pourvoye aux né-
ceſſités d'un certain nombre d'hommes
caractériſés ſpécialement, & deſtinés d'u-
ne façon plus particuliere à ſon ſervice
que le reſte de la ſociété.

POUR juſtifier les oblations il faudroit
prouver que l'Etre auquel on les adreſſe
manque de ce qui lui eſt offert, mais
qu'il a toute autre choſe en ſa puiſſance,
& qu'il en fait part à ceux qui ſup-

pléent à ſes beſoins. Si votre Dieu eſt dans ce cas, vos offrandes ſont faites conformément à la ſaine raiſon. Mais votre thèſe eſt toute différente. Votre Dieu eſt maître abſolu de tout, & n'a beſoin de rien. Un culte de pure gratitude, me ſemble, lui conviendroit mieux, (je parle aux Chrétiens & aux Juifs) que des fondations pécuniaires, & que de la graiſſe de bouc & de géniſſe, qui ne peuvent lui être d'aucune utilité.

LE CHRÉTIEN.

NOUS penſons tous que nos ſacrifices ne ſont d'aucune utilité à Dieu ; mais ils ont un autre motif : comme il eſt eſſentiel que tous les actes de l'homme ſe rapportent à la Divinité, afin que ſa préſence univerſelle retienne ceux que l'eſpoir de l'impunité porteroit à pécher dans le ſecret, les ſacrifices ſervent à rappeller continuellement cette préſence. D'ailleurs il ne ſuffit pas d'offrir à Dieu quelque don, pour expier des forfaits ; il faut que le don nous prive, & que cette privation que nous éprouvons ſoit encore accompagnée du remords & de la ferme réſolution de ne plus tomber dans la même faute.

Or, si une fois vous supprimez cette fin unique de toutes les actions de l'homme, quel sera le frein que vous apporterez aux passions déréglées? L'homme rapportant tout à l'homme ne manquera pas de pallier ses travers; & se devenant de plus en plus indulgent à lui-même, il en viendra bientôt au point de se permettre tout. Alors les désordres bouleverseront tous les Etats, & le crime n'aura plus rien à craindre.

LE PHILOSOPHE.

Il faut donc, selon vous, un frein aux hommes. Si cette proposition n'est par vraie en particulier, elle peut le devenir en général dans une société corrompue par le préjugé. Les premiers hommes, si l'on en croit vos Livres Saints, n'ont pas connu ce frein, puisque nous ne voyons Dieu adoré parmi eux qu'après un laps de temps considérable, qui s'étoit écoulé depuis la création jusqu'à Enos. Quoi qu'il en soit, il s'agit de sçavoir si votre question s'étend sur un plan général de Religion, ou seulement a rapport à l'état d'un particulier, qui pourvu qu'il se conforme extérieurement aux loix du pays dans lequel il vit, est très-libre d'ailleurs

I 3

de fixer à son gré les objets de sa croyance.

Le Chrétien.

L'amour de la paix me feroit desi-rer, qu'au moins dans chaque société il n'y eût qu'une Religion. Mais parlons de bonne foi ; l'homme peut-il se refuser à l'exiſtence d'un Souverain Etre ? Et en ſuppoſant que ce premier Etre fût une chimere, pourroit-on ſe dispenſer de l'admettre, ſans renverſer tout l'ordre du monde ?

Le Philosophe.

Il eſt démontré par l'expérience que les habitudes s'incorporent en notre nature, de maniere qu'elles s'y confondent & ne font plus qu'une avec elle. Je ſuppoſe donc qu'il feroit difficile de ramener les hommes à une religion qui feroit telle que l'homme en la pratiquant n'auroit que la vertu pour but, & le titre de vertueux pour récompenſe. La vertu n'a plus ces attraits dont nos Peres l'ont décorée, & qu'elle posſédoit réellement ; elle eſt maintenant maigre & hideuſe. On l'a dépouillée de tous ſes ornemens pour en vêtir des fantômes qu'on ne voit pas mieux qu'elle , mais qu'on fent moins.

POUR des hommes foibles & corrompus, une Religion dogmatique & la fuppofition d'une premiere Caufe, deviennent néceffaires. Si vous êtes d'un tempérament délicat, tendre, craintif, n'entreprenez jamais de fortir du Déisme. Il faut, à quelque prix que ce foit, une Dulcinée aux Dom Quichottes. Vous feriez bien quelques pas dans l'opinion contraire : la nature qui ne refpire que pour la liberté, fembleroit vous conduire comme par la main à fa conviction ; mais au premier inftant de foibleffe, que vous payeriez cher un court intervalle de tranquilité ! Le refte de votre vie feroit un combat continuel entre votre raifon & votre préjugé. L'une vous reprocheroit fans ceffe votre lâcheté & vous porteroit à de nouveaux efforts pour fecouer le joug; l'autre gourmanderoit continuellement votre témérité & vous folliciteroit au retour. On ne captive jamais la raifon quand elle a apperçu la liberté ; & le préjugé n'eft jamais plus à craindre que lorfqu'on a laiffé échapper l'occafion de le vaincre.

VOTRE efprit a toujours été flaté de votre divine origine ; votre vanité s'at-

rend à des délices éternelles, d'autant
plus alléchantes qu'elles font réfervées à
l'efpece humaine feule. La perfuafion
de votre immortalité entre dans la com-
pofition de votre bonheur ; & les foins
que quelques-uns prennent pour fe rendre recommandables à la poftérité, font
un foible échantillon de ce que d'autres
font capables de faire pour l'éternité.
Ces prétentions fans nombre font fo-
mentées par l'amour-propre ; & fi quelquefois la nature veut énerver les promeffes qui les fondent, parce qu'elles
font conditionnelles de fon efclavage, on
ne manque pas de rapporter ces tenta-
tions à un mauvais principe, quoiqu'elles ne foient que le jeu d'un reffort qui
fe détend.

A force de contraindre la nature, fa
vertu s'atténue. Le combats fe rallen-
tiffent, ou les victoires deviennent plus
fréquentes. C'eft ici le triomphe du
préjugé. On attribue à la perfévérance
l'effet de la décrépitude. On s'ap-
plaudit d'avoir réfifté, & d'être enfin
parvenu au point qu'on defiroit. C'eft
alors qu'on blâme fans pudeur ceux qui
éprouvent les mêmes fenfations que nous-
mêmes avons éprouvées fans vouloir faire attention qu'on ne l'emporte fur les

paffions que parce qu'elles font éteintes.

Un partifan du Déifme n'a point à fe plaindre quand les chofes lui réuffiffent ainfi. Il s'eft privé de bien des plaifirs; mais il lui refte peu de temps à vivre ; & ce court intervalle fera délicieux pour lui , parce qu'alors plus que jamais fes préjugés le berceront du bonheur éternel.

Mais malheur à un tel homme, s'il vient à perdre en même temps fes préjugés & fes paffions. En vain il rappellera la nature à fon fecours, pour le dédommager, au moins en partie, du temps qu'il a perdu. Le terme qui fuit la caducité, eft la mort, & plus on veut contraindre les fens à fuivre les penchans de l'efprit , quand ils n'en ont plus la force, & plus on accélere la deftruction totale de fon Etre. Le feul parti à prendre en ce cas, c'eft de confentir qu'une éternité de privation fuccede à un temps pendant lequel on n'a joui de rien.

Je ne fuis entré dans cette digreffion, que pour vous faire fentir de quelle conféquence il eft de bien confulter la nature, avant que d'embraffer une opinion. Quelle affaire exige plus de foin? C'eft de ce choix que dépend le bon-

heur ou le malheur de notre vie entiere, & surtout de cet intervalle qui est
entre l'âge mûr & notre destruction;
parce que c'est le temps où nous son-
geons le plus à nous-mêmes.

Il ne suffit pas, pour se déterminer
à un choix dans cette matiere, de se
considérer actuellement. Il faut se placer dans les différentes positions, où
l'on présume qu'on pourra se trouver
dans le cours de la vie ; comparer ensemble les sacrifices, & l'espoir ; se mettre sous les yeux les démonstrations res-
pectives des diverses opinions ; & s'in-
terroger soigneusement soi-même pour
sçavoir quel parti on prendroit dans un
tel cas, s'il arrivoit que la conviction se
refusât de part & d'autre. Outre que
dans toutes les opinions il est des difficultés à surmonter, lorsqu'on veut approfondir, c'est qu'il est des choses qu'on
sent, mais qui ne sont point accompa-
gnées de cette lucidité nécessaire pour
les faire sentir aux autres ; & enfin d'autres choses encore que je verrai & ex-
pliquerai à plusieurs qui en seront vi-
vement frappés, tandis qu'elles ne vous
effleureront pas seulement l'esprit.

En général on peut dire que c'est un
travail immense que la destruction des

préjugés. . Le paſſage d'une croyance à une autre croyance n'eſt rien en comparaiſon de ce qu'il y a à f ire pour parvenir à ne croire rien. Quoiqu'il ne s'agiſſe que d'opérations purement ſpéculatives, il ſe fait une révolution dans le phyſique ; & cette refonte de tout l'Être demande une organiſation vigoureuſe, & à laquelle il ne manque rien pour former d'immuables réſolutions.

Nous parlions, il n'y a qu'un moment, de l'état d'un homme qui, ſur le déclin de ſon âge, s'appercevroit qu'il a été la dupe de ſes préjugés : celui qui après en avoir ſecoué le joug, s'y ſoumettroit de nouveau, ſeroit plus malheureux encore. Le ſacrifice de ſa vie ne lui paroît pas capable d'expier ſon crime. La vue de ces malheureux qui, rongés de remords & navrés de douleur, expirent ſur la roue, n'eſt qu'une foible image des ſupplices qu'endure un homme qui, au moment ſuprême, renre ſous l'empire de l'opinion.

Ce retour eſt d'autant plus à craindre, qu'au terme de la caducité, la tereur naturelle d'une deſtruction prochaie ſe joint à l'aſcendant qu'ont eû ſur ous nos premiers principes. Nous n'aons plus beſoin de ces raiſons qui nous

tranquillifoient au fein des plaifirs, &
qui étoient les mobiles de notre fupé-
riorité aux opinions. Notre efprit qui
s'affoiblit à mefure que notre corps dé-
cline, perd néceffairement la forme de
tous les raifonnemens. Il faut donc fe
préparer à n'avoir pour défenfe contre
les attaques de l'opinion, que le fouvenir de la fubftance de ces raifonnemens,
ou feulement la certitude de leur valeur paffée, qui n'a pu changer avec la
fituation de notre corps. Si l'on a bien
approfondi une vérité en fanté, & qu'on
l'ait admife fur ce pied; comme ce qui
eft vrai de fa nature, l'eft toujours,
c'eft en vain qu'on en changera les termes, pour la détruire en moi. Je peux
fans rifque m'en tenir à la premiere
d'monftration, fans qu'il foit befoin que,
pour cela, je me rappelle les diverfes
propofitions affirmatives ou négatives
qui la compofoient.

LE CHRÉTIEN.

JE fens par les efforts qu'il m'a fallu
faire, pour en venir feulement où j'en
fuis actuellement, ce qu'il en doit cou-
ter à quiconque veut fe délivrer du joug
de toute opinion; mais je me crois affez
de force pour aller plus loin. Je fuis

d'autant plus en fureté contre ces retours tant à craindre, que je ne me rendrai qu'à l'évidence ; & je vous crois affez complaifant pour réfoudre mes difficultés, quand l'occafion fe préfentera d'en faire.

LE SADUCÉEN.

Je ferois moins furpris de voir un partifan de l'ame immortelle paffer à la négation d'un premier Etre, qu'un pur Déifte au fens où nous le fommes. Les abfurdités dont fourmillent plufieurs fyftêmes Religieux, entre autres le Chriftianifme, en avililfant l'idée d'un Dieu, peuvent conduire à l'athéifme ; car de la croyance d'un Etre fuprême imparfait, & abfurde, tel que l'admettent les Chrétiens qui ne font pas inftruits, à la négation de ce même Etre, il n'y a pas loin : le bon fens & la raifon femblent y conduire.

LE PHILOSOPHE.

PEUT-ÊTRE qu'après un mûr examen, vous trouverez que vous en êtes tous deux aux mêmes termes. C'eft le propre de l'homme de croire que fon opinion, lors même qu'il l'abroge, étoit la

tôme, par les conféquences qu'on a
tirées de fon exiſtence, il eſt certain
que, quand il compare la multiplicité
de dogmes abfurdes que certaines fectes
en ont tirés, avec le culte fimple qui
lui eſt prefcrit, il en conclud que fon
fentiment eſt le bon, puifqu'il n'eſt
pas accompagné de toutes les abfurdités qu'il voit ailleurs, ou du moins
qu'il ne s'en apperçoit pas. Nous
avons un exemple de ce que je dis
fous nos yeux. Les pays où la Ré-
forme s'eſt faite ont embraffé une espece de Déifme : dans ces provinces
peu d'Athées. L'Italie, qui le croiroit ?
en contient plus, au centuple, que l'An-
gleterre & la Hollande.

Tous ceux qui admettent la fpiritua-
lité & l'immortalité de l'ame, agiffent
conféquemment en admettant un Etre
Souverain. La premiere opinion fuppofe la feconde. Et comment, fur-tout
parmi les Chrétiens, des gens qui reçoivent tant d'impoffibilités comme des
vérités démontrées, ne recevroient-ils
point le dogme d'une premiere Caufe
qui dans les infinies perfections qu'ils
lui attribuent, renferme une infinité
d'impoffibilités & de contradictions ? Il
feroit fingulier de voir des perfonnes
ad-

admettre une foule d'abſurdités ſecondaires & dérivées, & rejetter en même
temps l'abſurdité générale & le principe d'où toutes les autres découlent.

Les Matérialiſtes dogmatiques, c'eſtà-dire, ceux qui ont été conduits à
leur opinion par un enchaînement de
conſéquences juſtes, tirées d'un principe certain ; ces Matérialiſtes, dis-je,
font aux Déiſtes un reproche ſemblable
à celui que nous venons de voir qu'on
pourroit faire aux Chrétiens, s'il s'en
trouvoit dans le cas que nous avons ſuppoſé. Vous admettez un Dieu, leur
diſent-ils, & vous niez les cultes que
divers peuples lui rendent. Dans l'énumération des attributs de votre Divinité, vous ſentez qu'il y a au moins, des
improbabilités. Eh, dites-nous, s'il
vous plaît, ſi Dieu, qui a voulu qu'il
exiſtât en lui des propriétés incompatibles, telles que ſont l'infinie miſéricorde
qui doit tout pardonner, & l'infinie juſtice qui doit tout punir, ne ſçauroit
auſſi avoir voulu faire le monde à une
telle époque, le noyer à une telle autre ; donner une loi aujourd'hui aux
Juifs, & la révoquer demain ; envoyer
ſon fils pour en porter une nouvelle, &
le faire pendre pour avoir injurié le Ma

K

tôme , par les conféquences qu'on a
tirées de fon exiftence , il eft certain
que , quand il compare la multiplicité
de dogmes abfurdes que certaines fectes
en ont tirés , avec le culte fimple qui
lui eft prefcrit , il en conclud que fon
fentiment eft le bon , puifqu'il n'eft
pas accompagné de toutes les abfurdités qu'il voit ailleurs , ou du moins
qu'il ne s'en apperçoit pas. Nous
avons un exemple de ce que je dis
fous nos yeux. Les pays où la Ré-
forme s'eft faite ont embraffé une espece de Déifme : dans ces provinces
peu d'Athées. L'Italie, qui le croiroit ?
en contient plus, au centuple, que l'An-
gleterre & la Hollande.

Tous ceux qui admettent la fpiritua-
lité & l'immortalité de l'ame, agiffent
conféquemment en admettant un Etre
Souverain. La premiere opinion fuppofe la feconde. Et comment, fur-tout
parmi les Chrétiens, des gens qui reçoivent tant d'impoffibilités comme des
vérités démontrées, ne recevroient-ils
point le dogme d'une premiere Caufe
qui dans les infinies perfections qu'ils
lui attribuent, renferme une infinité
d'impoffibilités & de contradictions? Il
feroit fingulier de voir des perfonnes
ad-

giſtrat Hébreu.   Qui ſçait ſi ce n'eſt pas à deſſein que voulant couronner la Virginité, il a fait de la Mere du genre humain une Coquette.   Il n'eſt plus impoſſible que Dieu ſe trouve à la fois ſur tous les Autels Chrétiens du monde, que d'être préſent par-tout, ſans néanmoins ſe trouver dans la matiere.   Eſt-il plus difficile de créer un univers que de redreſſer un boiteux?   Enfin citez-nous un dogme, un myſtere d'une Religion quelconque, qui répugne plus à la ſaine raiſon, que l'exiſtence d'une infinie ſpiritualité avec, nous ne diſons pas, un monde infini, mais ſeulement une particule matérielle, qui enfin, ſi petite qu'ëlle ſoit, occupe une place.

Il eſt une eſpece de Déiſtes différens de ceux à qui l'on vient de parler. Ce ſont ceux qui n'admettent aucune action en Dieu & qui aſſurent que les actions des hommes lui ſont abſolument indifférentes, de quelque nature qu'elles ſoient.   On peut bien dire de ces Déiſtes, qu'ils reſſemblent aux Danaïdes.   Pourquoi ſe charger d'un fardeau inutile?

La plus grande atteinte qu'on ait pu porter à la liberté naturelle des hommes, a été de ſuppoſer un Dieu.   On s'eſt mis en droit de les asservir aux plus ridicules superstitions, dès qu'on est parvenu à les infatuer de l'existence d'une premiere Cause distincte de la Nature. Tous les cultes font des conséquences de cette opinion ; & l'on ne peut s'empêcher d'avouer que quiconque l'a une fois admise, doit, pour agir conséquemment, adopter un syftême religieux.

Dans cette suppofition le Déifte doit craindre ; car a-t-il assez vécu, a-t-il eû assez de secours & de lumieres pour discerner, entre les divers cultes établis, quel est le véritable ? D'ailleurs qui sçait si cet Etre tout-puissant n'a pas voulu pour son plaisir être adoré diversement ; & si l'on ne court pas également risque de se perdre en frondant le culte des Chinois & en ne suivant pas celui des Chrétiens ?

Cette raison de la possibilité de plusieurs cultes contraires, ou d'un seul absurde, en supposant une Divinité absolue, est bien capable de faire aller en avant tout homme qui a tant fait que de secouer le joug de la religion, quand les sectes actuelles ne lui offrent rien de meilleur que ce qu'il a quitté.

Outre les raisons que nous venons de voir, il est des preuves que les par-

tifans de chaque fyftême mettent en
avant ; & quand nous aurons entendu
nos interlocuteurs, nous ferons en état
de juger de la valeur de ces preuves.
Au fond le partifan de la nature n'a
pas befoin de démontrer fon opinion : il
lui fuffit de battre celle de fon adverfaire & d'en faire voir la vanité. Car
enfin c'eft à celui qui fuppofe, à étayer
fa fuppofition ; & l'on doit la regarder
comme fauffe, dès que ceux - là - mêmes qui la défendent ne la peuvent
foutenir.

DIALOGUE VII.

LE PHILOSOPHE, LE CHRÉTIEN ET LE SADUCÉEN.

LE CHRÉTIEN.

JE fens qu'il eft d'autres précautions à
prendre, lorfqu'il s'agit de former
un fyftême général de croyance, auquel
tout un peuple doit être afservi, que
dans le cas où il n'eft queftion que d'une

Religion particuliere, adoptée par un seul homme, ou par un petit nombre. Ainsi bornons-nous à nous-mêmes.

Le Saducéen.

Sans doute ; & la position où nous nous trouverons soit que nous adoptions ou rejettions l'hypothèse d'une premiere & souveraine Cause, nous fera sentir, au moins en général, celle où se doit trouver un peuple qui n'admettroit point de Dieu, vis-à-vis d'un autre qui auroit embrassé l'opinion contraire. D'ailleurs nous n'avons point envie de devenir Prédicans, & la dispute nous regardant personnellement, en sera beaucoup plus libre.

Le Philosophe.

Comme vous ne différez entre vous que dans les conséquences, & que tous deux vous êtes d'accord sur le principe, il est bon de convenir que les raisons qui militent contre l'un, sont applicables à l'opinion de l'autre. Cela n'empêchera pas que vous ne fournissiez à votre gré, séparément, les raisons que vous croirez concluantes en faveur de votre hypothèse. Car je sçai qu'entre les partisans d'une premiere Cause, il en eſt peu qui ſoient d'accord ſur ſa nature & ſur ſes attributs : & cette diverſité n'eſt pas une foible préſomption de la vanité de leur hypothèſe.

POUR mettre quelque ordre dans notre conférence, fixons nos perſonnages. Vous dites qu'il eſt une premiere Cauſe, un ſouverain Etre, un Dieu enfin diſtinct de la nature matérielle & ſenſible, & qui poſſede, dans un dégré infini, une infinité de propriétés. Moi, je nie qu'il exiſte un tel Etre. Exprimez donc, je vous prie, quels ſont les motifs de crédibilité qui vous portent à l'admiſſion d'une hypothèſe, qui me paroît abſurde.

LE SADUCÉEN.

JE vais les expoſer. 1°. L'ordre de l'univers, ſa création & ſon entretien.

2°. LE chef-d'œuvre du mécaniſme de certains Etres, tels que l'homme, &c. &c.

3°. LA préſence & la puiſſance actuelle d'une Providence.

TELLES ſont les preuves *à poſteriori*.

CELLES *à priori* conſiſtent 1°. Dans l'impuiſſance où eſt la matiere de produire ce que nous voyons. Si elle eût pu être créatrice ou ſimplement formatrice, elle le feroit toujours, & nous verrions continuellement de nouvelles formes. D'où fuit

2°. L'EXISTENCE d'un principe distinct de la nature, & fupérieur à la nature, à laquelle il a donné ce qui lui manquoit pour être.

3°. ENFIN l'idée que j'ai d'un tel Etre féparé de la nature ; idée d'autant moins répugnante, que je la trouve être celle de tous les hommes de tous les fiècles, qui, divifés fur le refte de leurs opinions, fe font accordés fur celle-ci.

LE PHILOSOPHE.

COMME les preuves *à priori* font les plus fortes, & même les feules qui foient fpécieufes ce feront elles que je vais attaquer, & celle que vous pofez en dernier lieu, fera la premiere renverfée.

1°. L'IDÉE actuelle de l'exiftence d'une premiere Caufe, peut être en vous l'effet du préjugé, comme l'eft celle de plufieurs autres points, auxquels vous donniez précédemment votre confentement, parce que vos peres vous en ont tranfmis le refpect avec l'éducation. L'idée de Royauté réveille en vous celles de fainteté & de vénérabilité ; cependant il eft des Rois qui ne font ni faints ni vénérables. Mais la sagacité des loix a donné cette attribution aux Souverains, & veut qu'on la regarde comme inhérente à leurs personnes, sans distinction: & le soin qu'elle prend de ramener à cette croyance, par la voye des châtimens, ceux qui osent s'en écarter, lui a jusqu'ici donné une sorte d'universalité. Comme cette maxime entre dans le plan de toute éducation civile, il est peu d'hommes qui n'en soient pénétrés. Si un enfant y répugnoit, il seroit châtié; & peut-être l'avez-vous été plus d'une fois, avant d'acquérir l'idée que vous avez de Dieu.

Si Dieu avoit voulu que son existence se manifestât par celle de son idée, cette idée seroit dans la tête de tous les hommes, & elle seroit la même chez tous. Or il y a actuellement & il y a toujours eû des hommes, & des peuples entiers même, qui n'ont point eû cette idée: vos Ecritures avouent qu'avant Enos elle n'existoit point: & dans le nombre des hommes qui disent l'avoir, cette idée, elle varie à l'infini: *Quot capita, tot sensus.* Je vous laisse à tirer la conséquence.

On ne peut répondre à ce raisonnement qu'en admettant la prédestination;

mais dans cette hypothèse, il m'est inutile d'agir. Je me conforme à la volonté de Dieu, en niant son existence, puisqu'il ne veut pas que j'en aye l'idée.

D'AILLEURS prenez garde que dans l'idée que vous avez de Dieu, il n'entre que des idées ou des parcelles d'idées, prises dans la nature ; ce qui ne convient nullement à un Etre purement spirituel. Il faudroit pour la validité de votre motif de crédibilité que l'idée que vous avez de Dieu n'eût aucune affinité avec celle des Etres corporels, ni avec leurs diverses qualités.

Vous me direz qu'en transférant à la Divinité certaines propriétés des Etres corporels, vous épurez ces images par la qualité infinie que vous leur donnez ; mais cette opération de votre esprit est-elle capable de changer la nature des propriétés, & de corporelles, qu'elles étoient, les faire devenir spirituelles ? D'ailleurs qu'est-ce que l'infinité ? C'est, répondrez-vous, l'exclusion de toutes limites ; mais cette exclusion de limites ne change point la nature de la propriété. Etendez la force, qui est une propriété corporelle, tant qu'il vous plaira, elle n'en acquerra aucun dégré de spiritualité. Il en est de même de la pefanteur, de la légereté &c. Le mouvement infini fera toujours un accident de la matiere, tant qu'il fera le réfultat du choc des corps matériels. Enfin fi vous ne pouvez définir autrement l'infinité qu'en difant qu'elle eft l'exclufion des limites ; comme la nature joüit de cette exclufion, puifqu'il n'eft aucune de fes extrémités au delà de laquelle il ne fe trouve de l'efpace, votre attribut effentiel conviendra également à Dieu & à la matiere ; & tout ce qu'on en pourra conclure, c'eft qu'il exifte deux infinis dans le monde. Conclufion abfurde, & qui faifoit la bafe du ridicule fyftême des Manichéens, qui admettoient deux Principes égaux ; mais qu'on n'a pas befoin de détruire.

2°. JE répondrai, à la fois, à vos deux autres preuves *à priori*, & je commence par la premiere, dont la seconde n'eft qu'une conféquence.

L'INDUCTION que vous tirez, que la matiere n'a jamais pu produire ni former, de ce qu'elle ne forme ni ne produit plus de nouveaux Etres, n'eft pas jufte. De ce qu'une femme n'a plus d'enfans actuellement, inférer qu'elle n'en a jamais eu, eft une affertion téméraire. Nous ne connoiffons aucun principe d'une vertu éternelle. Mais pour que nous donnions ce nom à une chofe, il fuffit qu'elle ait produit une fois; furtout fi fes effets font tellement conftitués, qu'ils puiffent à leur tour devenir des principes d'autres effets, qui portant en eux les mêmes germes ré-producteurs, affurent l'éternelle durée de leur genre. Telle a été l'œconomie de la nature. Il étoit effentiel à l'ordre qu'elle ceffât de produire, après avoir une fois jetté hors de fon fein les germes principes de chaque genre. Cela prouve à merveille & fon indifférence & fa fageffe. Si vous mettez un Dieu, un Etre intelligent, à fa place, la thèfe change. Comme cet Etre connoiffant n'a dû fe déterminer à produire que dans la vue d'un plus grand bien, relatif n'importe à qui, il ne doit point ceffer de produire; car le bien ne peut être pouffé trop loin. La ceffation de produire des Etres originaux, s'accorde bien mieux, avec l'indifférence qu'a la nature de faire ceci ou cela; & comme abftraction faite des formes, elle ne connoît ni ne fent, il lui eft égal de produire, ou d'entretenir, ou de détruire, quoiqu'il y ait une grande difparité entre ces actes. Si elle

étoit connoiſſante & capable d'intelligence, & que, comme votre Dieu,
l'infinité fût attachée à ſes propriétés,
il auroit fallu qu'elle fît un choix entre
ces différens actes: d'où il ſeroit arrivé
néceſſairement qu'elle auroit toujours ,
& ſans interruption, ou produit, ou
entretenu, ou détruit. Dans votre ſentiment, ſi Dieu a créé & que l'acte ait
été bon, il doit toujours créer; mais
réduiſons-nous à l'entretien des Etres:
il ſera donc éternel; car ce qui une
fois a été bon ne peut ceſſer de l'être.
Mais ici ſe préſente une impoſſibilité:
car que dirons-nous du principe que
tout ce qui a eû un commencement
doit avoir une fin?

Il ne s'enſuit pas cependant que ,
de l'état actuel du monde, on puiſ-
ſe inférer qu'il a toujours été le même;
mais par la même raiſon que les ſubſtances ne peuvent être détruites, quant
à l'eſſence, la matiere conſidérée en
général, & comme le ſujet & les accidens des corps, a toujours exiſté.
Il a pu être un temps où les formes
ne ſubſiſtoient pas; mais les conditions
des Etres ont toujours exiſté, enſemble
ou ſéparément. Au reſte il ne faut
point entendre le mot matiere comme

un nom propre, & qui défigne un corps particulier; c'est un terme formé, & qui n'exprime pas un individu, mais dont nous nous fervons pour exprimer par abrévation, cette chofe fans forme & fans nom qui fert de bafe aux diverfes formes, & qui, comme un autre Prothée, eft fufceptible, foit naturellement, foit par le fecours de l'art, de prendre toutes celles qu'on veut lui donner.

Mais fous quelque acception qu'on prenne le mot de matiere, il refte toujours pour conftant qu'elle eft éternelle. Son exiftence actuelle en eft la preuve. Elle n'a pu fe créer elle-même: vous en convenez. Dieu n'a pu lui donner l'être; car il auroit pris fon type, ou ce rien, ou enfin cette idée qui lui a fervi à la créer, ou dans lui-même, ou hors de lui-même. Etre infini, il n'a pu trouver de types ni d'idées hors de lui-même, puifqu'il eft l'exclufion de toutes limites; & que par-là il excede le néant même; fans quoi le néant feroit plus infini que l'Etre. Il n'a pu prendre le type de la matiere en lui-même; car alors, s'il étoit vrai de dire qu'il eft fpirituel, on ne pourroit le dire infiniment fpirituel, puifqu'au moins

il auroit en lui des types qui, s'ils n'é-
toient pas encore matiere à certaines
époques, ne laiſſoient pas d'avoir toutes
les diſpoſitions propres à devenir matiere, comme il eſt arrivé dans la ſuite.

Tout eſt infini en Dieu : donc ſes vouloirs le ſont ; il a voulu l'exiſtence de la
matiere : donc la matiere ſera éternelle.
On peut, par le même argument, ſoutenir que ſi Dieu l'a voulu créer, il a dû la
créer au premier terme de l'éternité ; car
qui a pu empêcher l'effet de ſes vouloirs ?
ce ne peut être qu'un autre vouloir
oppoſé à celui-là, ou la volonté d'une
cauſe ſupérieure à la premiere cauſe.
Je vous laiſſe à choiſir laquelle de ces
deux opinions vous plaira le mieux.

Mais revenons. Vous imaginez une
cauſe ſéparée de la matiere, parce que,
dites-vous, elle eſt inhabile à ſe modifier d'elle-même. Obſervez d'abord
que vous ne connoiſſez point la matiere
privée de formes. Loin d'en connoître
la ſubſtance, à peine en appercevez-
vous quelques accidens ; & dans l'inſtant
même que vous vous appliquez, à l'aide de la lentille, à découvrir une de
ſes propriétés, elle en exerce des milliers qui vous échapent. Par la même
raiſon que vous ne concevez pas com-

ment la nature peut produire des Etres, il ne me tombe pas sous les sens comment une premiere Cause spirituelle a pu la prendre où elle n'étoit pas & lui donner des propriétés qu'elle ne possede pas elle-même.

SANS doute, ce que nous connoissons de la matiere, ce que nous en avons sous la main, n'est pas capable de donner l'Etre à un individu organisé. Ces parties de la matiere sont moins des substances que des accidens. Ce sont des portions qui ont reçu leur forme, & qui sont bornées à l'inaction, jusqu'à ce qu'ayant perdu leur forme actuelle, elles périssent sensiblement & retournent dans la matrice générale des Etres, pour, à la suite des temps, y acquérir de nouvelles formes, de nouvelles propriétés, par la voye de dépuration, & d'où elles ressortent de nouveau, sous une figure résultante de la nature des sujets qui ont agi sur elles dans le temps de leur rénovation. Ainsi cette pierre qui sert de borne, est dans une parfaite inertie, parce qu'elle est extirpée de son centre naturel. Mais attendez qu'elle ait perdu sa forme actuelle, qu'elle soit périe sensiblement; suivez ses particu-

les détachées là où elles iront ; exami-
nez les divers mouvemens d'attraction
& de répulsion qu'elles éprouveront ;
ne laissez pas échaper les accroissemens
qu'elles essuyeront par la rencontre des
particules analogues ou contraires à leur
nature, des sympathies & des antipa-
thies ; suivez-les dans les progrès de
dépuration : voyez-les, au sortir du
creuset de la nature, reparoître sous
la forme de la plus délicate molécule ;
ne les perdez point de vue : bientôt
toutes ces préparations vont vous paroître inutiles ; la molécule va dispa-
roître, & sembler s'anéantir. Mais,
quel prodige ! cette foible molécule
étoit le germe de la plus énorme pierre qu'on eût jamais vue. Encore quelques milliers d'années, ou peut-être de
siècles, & sa cime atteindra les nuées.
Elle bornoit une maison, on va bâtir
une ville dessus.

Notre vie est souvent trop courte
pour suivre la nature dans une de ses
plus simples opérations, & notre vue
trop foible pour appercevoir son procédé dans les moins compliquées ; mais
en faut-il conclure qu'elle n'agit pas,
surtout lorsque nous sommes barrés par
la contradiction, quand nous voulons
sup-

suppoſer un autre agent qu'elle?

La maniere dont la nature entretient les Etres, ne ſçauroit former une queſtion, c'eſt par la voye de la putréfaction & de la génération, deux termes également éloignés & voiſins l'un de l'autre, & qui juſtement ſont les moyens entre la poſſibilité d'Etre & l'Etre réel. Ce qui arrive dans un grain de bled, Etre qui, comme l'homme, joue ſon rôle dans la chaîne infinie des choſes, arrive dans chaque individu.

Ici ſe préſente une difficulté, que je me fais pour vous éviter la peine de me la propoſer. En admettant, comme on eſt contraint de le faire, l'alternative de corruption & de génération, on ne peut que remonter dans l'échelle des Etres à l'infini; mais comme il a fallu que la putréfaction précédât la génération, ſans quoi il y auroit des effets ſans cauſes, & que pour y avoir putréfaction il a été néceſſaire qu'il y ait eu un germe diſpoſé à être putréfié, que d'ailleurs l'état actuel de la nature ne nous offre que des effets dans les germes que nous voyons, effets dont le plus léger examen nous indique la cauſe, on demande comment ce premier germe a pu être produit & par qui?

L

C'est précisément à ce point de la dispute, qu'il seroit à souhaiter que l'intervention d'une premiere Cause pût satisfaire un esprit attentif. C'est peut-être quand la curiosité des hommes les a emportés jusque-là, qu'ils ont invoqué une Divinité, pour les tirer du labyrinthe où ils se trouvoient plongés. Comment parler sûrement d'un fait qui n'a point eu de témoins? Qui ne craindroit de s'égarer dans un mystere ignoré même de la Nature qui en est l'Auteur & dans le sein de laquelle il s'est passé? Il est facile d'imaginer que c'est à cet écueil que la raison humaine est venue échouer. L'homme né paresseux crut qu'il lui étoit impossible de franchir ce vaste & obscur intervalle, écoulé entre le premier point de l'éternité & celui où il connut son existence. D'un autre côté son orgueil ne vouloit pas qu'il restât court sur une époque si intéressante à sa curiosité, & lui suggéroit tout bas de trancher la difficulté en se donnant une divine origine.

La proposition étoit doublement flateuse : elle ne manqua pas d'être agréée. Heureux pour les hommes, s'ils s'en fussent tenus à l'admission de ce principe dénué d'évidence, & s'ils n'en eussent pas tiré des conséquences fatales à leur repos !

CEPENDANT l'esprit humain livré sans réserve au fantôme qu'il venoit de se forger, donna tout son essor pour l'orner de ce qu'il crut de plus beau dans la nature ; il le chargea, il l'accabla de propriétés, & quoique la nature continuât d'exercer sous les yeux des hommes, ces mêmes facultés dont ils tentoient en vain de la dépouiller, ils s'obstinoient à la regarder comme un corps sans vie, & comme un automate qu'un habile Méchanicien faisoit mouvoir. Mais des Philosophes attentifs remarquoient que d'un côté cette premiere Cause, ce premier Point, impliquoit contradiction, ou qu'il étoit la nature elle-même ou qu'il n'existoit point : que d'un autre côté la nature sembloit agir par sa propre force, sans choix, sans connoissance, sans détermination précise ; qu'on en accéléroit ou retardoit les opérations, par le secours d'agens qu'elle-même produisoit ; ce qui ne seroit point arrivé si une cause séparée d'elle & supérieure, lui eût imprimé son action. Car n'ayant que la faculté de souffrir & de recevoir l'action d'un principe tout-puissant & existant hors d'elle, elle eût toujours

produit déterminément telle ou telle mo-
dification à raison de l'impreſſion reçue
d'en-haut.

Sɪ la nature étoit aſſervie à un principe étranger, connoiſſant, intelligent
& voulant, ce ſeroit inutilement que je
tenterois de redreſſer un arbre tortu,
ou d'en courber un qui ſeroit droit ; en
vain je planterois un chêne ſur un ter-
roir propre à l'orme ; en vain je voudrois faire meurir tel fruit dans une fai-
ſon contraire à ſa maturité : tout l'art
ſeroit inutile, & il n'y auroit que l'em-
ploi de moyens divins qui pût interrom-
pre l'effet d'une volonté divine. Mais
où cette main divine a planté un grain
de ſennevé, je l'arrache & lui ſubſtitue
un grain de bled qui produit. Cela ne
fait point honneur à l'immutabilité de
Dieu.

Cᴇs obſervations étoient ſuffiſantes, &
il falloit en reſter là ; mais il ne ſuffit
point à notre curioſité de ſçavoir qu'une
choſe eſt. Nous voulons encore ſçavoir comment elle eſt. De là ces nombreux ſyſtêmes ſur la formation du monde : ſyſtêmes qui en derniere analyſe,
ſe réduiroient peut-être à nous apprendre ce que nous ſçavons tous ſans qu'il
nous en coute aucun effort ; c'eſt-à-di-

re, que le monde eſt, & que peut-être
il a pris l'Etre d'une telle maniere plutôt que d'une telle autre.

Tous ces ſyſtêmes montrent une in-
fatigable ſagacité dans leurs Auteurs;
mais ils ne ſont pas ſans difficultés.
L'Hylée de Platon, les Formes d'Empédocle, les Atômes d'Epicure, les Mo-
nades, les Entéléchies, les molécules
de divers Philoſophes ont toutes les leurs.
L'opinion qui veut que le monde n'ait
été d'abord qu'une maſſe molle où tout
étoit confondu eſt peut-être la plus ſa-
tisfaiſante.

Il faut remarquer que ſi l'on n'ex-
plique pas préciſément dans tous ces
ſyſtêmes de quelle maniere le monde s'eſt
fait, on y démontre au moins qu'il s'eſt
fait ſans le ſecours d'aucune force étrangere, & par la ſeule force naturelle de
la matiere. Or, comme c'eſt de ſa prétendue inertie que vous tirez votre con-
cluſion, qu'il faut, en donnant le repos
à la matiere, qu'un autre Etre lui donne le mouvement; je conclus auſſi à
mon tour, que la matiere étant ſuſceptible de ſe mouvoir par elle-même &
le mouvement lui étant inhérent, comme il a été prouvé tant de fois, je conclus, dis-je, qu'elle n'a pas beſoin qu'un

Etre étranger & exiſtant hors d'elle-même, la remue.

Nos conſéquences ſont également juſtes, il ne s'agit plus que d'établir la vérité de nos principes.

Dans la ſuite peut-être, je vous ferai voir que, quand même il ſeroit impoſſible d'établir un ſyſtême probable de matérialité, en prenant un juſte milieu entre ceux qui ont déja été faits, votre ſyſtême d'une Divinité n'en ſeroit pas plus probable, ni même moins faux; parce que, quoique nous ne puiſſions dire au juſte comment la nature fait ce que nous voyons, néanmoins ce qui eſt, convient à l'Ouvriere aveugle & indifférente qui en eſt l'auteur, & non à une Divinité intelligente, bonne & ſage, qui poſſédant le ſouverain bien dans ſon infinité, ne peut jamais produire le mal que nous voyons dans le monde.

FIN du ſeptieme Dialogue.

En ſortant de ce dernier entretien, le Saducéen & le Chrétien s'apperçurent qu'ils étoient plus triſtes qu'à l'ordinaire, ce dernier ſur-tout; car, quoique depuis longtemps il eût ſenti la vanité de quelques points de ſa doctrine, il ne s'attendoit point à ſe voir privé de

l'éternité. A l'aide de mes propres for-
ces, difoit-il au Saducéen, j'ai quelquefois été jufqu'à fuppofer ma Religion purement humaine ; mais je m'en
confolois par l'idée d'un Etre fuprême-
ment bon, vengeur du crime & rému-
nérateur de la vertu dans les hommes,
de quelque croyance qu'ils fuffent.

Je ne craignois ni n'efpérois rien après
la mort, reprit le Saducéen ; & j'avois
mes garans dans la perfonne de Moyfe
& de Salomon, les plus fages de tous
les hommes. Mais je voyois en Dieu
un confervateur de mon Etre & de
ma fortune, que je voue tous les jours
à fa providence. C'eft fur fes foins que
je me repofois, en quittant des femmes chéries, qu'un accès de violence
ou de foibleffe peut me ravir à chaque
inftant, & que je confiois de précieu-
fes richeffes à l'inconftance des eaux.
Seul & fans défenfe, j'ai traverfé des
pays barbares ou étrangers, & cela fans
crainte, parce que je croyois, avec Da-
vid, qu'un Ange me foutenoit, de peur
que je ne heurtaffe mes pieds contre la
pierre. A la vue de quelque péril dont
j'ai été menacé, j'ai promis de plus con-
fidérables facrifices que ceux que j'avois
coutume de faire, & oppofé au danger

L 4

qui me pourſuivoit, la vertu des ſacrés caracteres que je porte continuellement ſur ma poitrine : ces reſſources me tranquilliſoient d'autant plus, que je ne doutois point de leur efficacité, après l'expérience que j'en avois.

IL me ſemble, dit le Chrétien en interrompant le Juif, que n'eſpérant rien au delà de cette vie, il vous devoit être plus facile qu'à un autre, d'embraſſer l'opinion du Philoſophe. L'athéiſme eſt aſſez conſéquent dans un homme qui n'admet point l'immortalité de l'ame ; car enfin que riſque-t-il? Tout au plus, de n'être pas heureux en ce monde : & peut-être trouveroit-il à s'en conſoler, par la comparaiſon qu'il feroit de ſon état à l'état plus malheureux encore de bien des gens perſuadés de l'exiſtence de Dieu.

MAIS, continua-t-il, j'ouvre les yeux, & je penſe entrevoir la vérité. Plus ſenſibles au bien phyſique qu'à la ſatisfaction idéale, plus attachés à l'actuel qu'à l'avenir, ſous quelque nom que ce ſoit, les hommes n'ont d'autre mobile que leur intérêt propre. Toutes les opinions qui flatent cet intérêt doivent être indeſtructibles ; celles qui le combattent ſe ſuccedent rapidement,

& s'évanouiſſent enfin. Je ne doute pas que la connoiſſance diſtincte des motifs qui font admettre une Divinité par les hommes (je parle des hommes éclairés) ne pût conduire à l'athéiſme. Dieu eſt pour le Saducéen, un Mercure protecteur du commerce; pour le Muſulman, il eſt le fils de Vénus qui préſide aux plaiſirs; comme il eſt pour le Chrétien, un Deſpote cruel, qu'on n'aime pas, mais qu'on craint. Ces diverſes acceptions de la Divinité ſont toutes fondées ſur le phyſique de la nature de ceux qui l'admettent. Les Juifs, très-pauvres à leur origine, avoient beſoin d'un Dieu conquérant & *fertiliſeur*; dans la même poſition, à-peu-près, les Romains invoquerent Mars. D'ailleurs comme l'action de la Divinité ſur vous, ne s'étend pas au delà de la vie, je conçois, d'après la réflexion que je viens de faire, qu'ayant moins de raiſons de la craindre, vous avez plus de motifs de l'aimer. Toutes les ſectes ne ſont pas dans la même poſition. Dans ma Religion, par exemple, l'eſpoir des récompenſes n'équivaut point à l'attente des châtimens.

Ce ſeroit donc, reprit le Juif en ſouriant, un grand service à rendre à ceux de votre croyance, que de les convaincre qu'il n'exiſte point d'Etre ſuprême au ſens où on l'entend. L'intérêt que je prends au bonheur de tous mes ſemblables, & au votre en particulier, m'oblige à ne point laiſſer imparfait l'ouvrage commencé par notre Philoſophe; & quoique la démonſtration de ſon hypothèſe pût altérer ma félicité, je veux l'entendre parler encore.

On convint du jour où l'on ſe réuniroit chez le Philoſophe, & l'on ſe ſépara.

Dès que nos Interlocuteurs furent raſſemblés au jour indiqué, l'exiſtence de Dieu fut remiſe en queſtion. Peut-être, dit le Philoſophe, que tout ce qu'on a écrit ſur ce ſujet pour ou contre, n'eſt d'aucune utilité. Je crains bien, qu'en parlant de l'exiſtence de Dieu, nous ne reſſemblions à ceux qui combattent la chimere. Eſſayons de réduire la diſpute à certains termes. Tout dépend, ce me ſemble, de la diſcuſſion de vos preuves *à poſteriori*. Ecartons avec ſoin de nous livrer aux ſpéculations ſur la maniere dont les choſes ont été faites : qu'il nous ſuffiſe

de fçavoir qu'elles font. Le refte fera
toujours un myftere pour nous. Mais
fi nous en venons à concevoir que ce
qui eft a pu prendre l'Etre fans le con-
cours d'une puiffance étrangere, il ref-
tera pour conftant que la Divinité eft,
au moins, inutile. Cela ne fera pas
une démonftration de fa non-exiftence;
mais alors ce fera à ceux qui font dans
cette opinion, à nous prouver qu'un
Etre exifte indépendamment de fon inutilité; & toutes les preuves, fupérieu-
res ou inférieures, qu'ils nous ont précédemment adminiftrées, feront en pure perte pour eux : il leur faudra changer de batterie. Toutes les preuves
des Théiftes fe réduifent, fi on y prend
bien garde, à l'utilité d'un Dieu dont
l'impulfion fait mouvoir une nature im-
puiffante ; ainfi faire difparoître cette
prétendue impuiffance, c'eft annihiler
le reffort fuppofé ; à moins qu'on ne
nous montre qu'il eft impoffible que la
matiere ait les vertus que nous apper-
cevons en elle. J'ai mis par écrit mes
réflexions fur ce fujet ; & après les
avoir entendues, vous ferez les maîtres
d'en conférer avec vos Docteurs, & de
me faire part de leurs objections, fi

vous les trouvez plaufibles. Croyez, au refte, que s'il étoit des preuves claires de l'exiftence de la Divinité, ceux qu'on nomme Athées deviendroient les plus zêlés partifans de cette opinion, qui ne peut que flater l'amour-propre & la pareffe. Ils n'attendent que la démonftration: Et par quelle fatalité s'obftine-t-on à la leur refufer, fi elle eft poffible, ou à les perfécuter fi le fait n'eft pas vrai?

F I N.

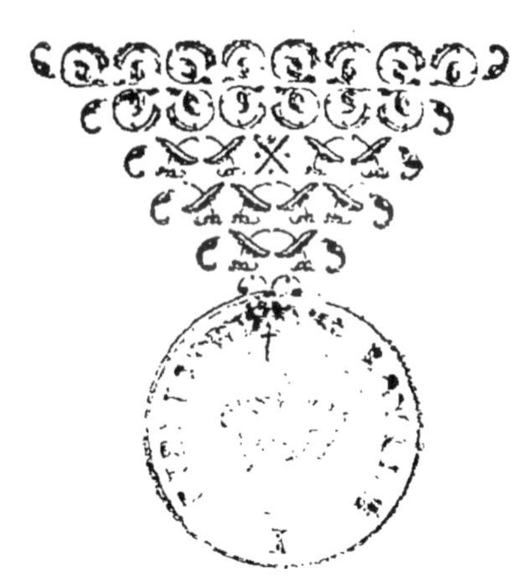

AVER-